「超」怖い話
鬼窟

渡部正和

竹書房
怪談
文庫

※本書に登場する人物名は、様々な事情を考慮してすべて仮名にしてあります。また、作中に登場する体験者の記憶と体験当時の世相を鑑み、極力当時の様相を再現するよう心がけています。現代においては若干耳慣れない言葉・表記が登場する場合がありますが、これらは差別・侮蔑を意図する考えに基づくものではありません。

御挨拶

初めまして、もしくは御無沙汰しております。

お初の方も、そうでない方も、数多《あまた》ある実話怪談本の中から本書をお選びいただき、誠にありがとうございます。

約二年振りかつ迂拙《うせつ》四冊目の単著となります、『「超」怖い話 鬼窟《きくつ》』をお愉しみ下さい。

本作には、好事家《こうずか》の皆様お待ちかねの「釣行夜話」をたっぷりと入れさせていただきました。

当然、釣りには興味がない方でも理解できるように書いたつもりではありますが、何分筆の拙《つたな》い身ですから、笑ってお許しいただけましたら幸甚に存じます。

さて、私事で恐縮ですが、先日義父が急逝いたしました。

結構な年齢ではありましたがごく普通に暮らしていましたし、余りにも急な出来事だったので、本人もそのことに気が付かなかったのかも知れません。

当然のように家族は悲しみに打ち拉《ひし》がれておりましたが、間もなく義母が幾つかの不思議な体験をしました。

義父一家の自宅は、複雑に入り組んだ先にある、閑静な住宅街の袋小路にあります。彼の急逝後間もなく、そこに大型のトラックが何故か突然やってきて、彼らの自宅の前にバックで駐めたところを、近所の住人が目撃していました。

あくまでも推測ではありますが、何者かが自宅に置いてある彼の愛車であったスポーツカーを狙っていたのかも知れません。

しかし、そのとき、自宅のすぐ側にある主を失ったばかりの仕事場の灯が、突如点灯したのです。

勿論、葬儀の準備で一家全員が出払っていたため、住居や仕事場には誰もいるはずがありません。

それを見るなり、その大型トラックは間髪入れずに、狭い道にも拘《かか》わらず、物凄い速度でその場から立ち去ったとのことです。

その他にも不思議なことが色々あったらしいのですが、これらの怪異は『「超」怖い話』に掲載するほど濃い内容ではないでしょう。

しかしながら、今までそのような不可思議な出来事とは縁もゆかりもなかった人物が遭遇してしまうという妙。

それらの部分に、何とも言えない魅力を感じてしまうのです。

無論例外はありますが、本作に掲載されている怪異譚は、そのほとんどが当事者にとって初めての体験になります。

読み手である皆様は安全な場所にいるからこそ、登場人物に降り掛かってくる怪異を心から愉しむことができるのかもしれません。

しかし、実際はそうではないのです。

自分には一切関わりがないだろうと安堵していると、やがてとんでもない恐怖が突如襲いかかってくる、そのような世界で我々は日々暮らしているのです。

そのことを、心の片隅にでも置いていただければ幸いです。

そしてお好みの酒等を片手にリラックスしながら、ゆっくりと頁を捲りつつ、先にお進み下さい。

ですが、これらの出来事がやがて自分の身に降り掛かる場合があることを、ゆめゆめお忘れなきよう……。

著者

目次

イチゴ

静子さん夫婦は念願であった中古の一戸建てを購入した。

それを機に、長年の夢であった猫を飼うことにした。

結婚して十五年以上経過していたが、今までは賃貸物件に住んでいたので諦めるほかなかったのである。

そこで、休日のたびにペットショップやホームセンターに足繁く通って、色々な種類の猫を見に行った。

しかし、元々特定の猫種に思い入れがあった訳ではなかったので、なかなか決まらない。

仔猫に限らず売れ残って大きくなった猫も、皆それぞれの特徴があって可愛くて仕方がないのだ。

「ほんっとに迷いまして。夫婦で悩みに悩みまくりましたね」

そんなときであった。

その悩みを軽い気持ちで親友に話したところ、間髪入れずに保護猫を薦められた。

「そう。保護猫。捨てられたり保健所に持ち込まれた猫を、非営利目的で保護している団体を薦められたんです」

その話を聞いたとき、静子さんは思わず困惑してしまった。

「だって、想像もしなかったんですもの。ペットショップ以外で、なんて……」

何処となく汚らしいとか、ひょっとして変な病気を持っているんじゃないだろうかとか、複雑な感情に囚われてしまった。

しかし、親友の話を聞いているうちに少しずつ興味が湧いてきて、いつの間にかその保護施設へ行くことになった。

「勿論、全然期待していなかったんですが……」

そこはNPO法人によって運営された、かなり大規模な施設であった。

施設内では犬と猫の飼育場所が別々の棟に分けられており、元は野良であった犬猫が年齢に拘わらず大量に飼育されていた。

生まれて二～三カ月の仔猫から、すっかり大きくなった成猫まで、ありとあらゆる毛色の猫が暮らしている。

静子さん夫婦は親友とともに、ケージの中の猫達を見ていった。

そして、すぐに理解したのである。

世の中には、不幸な犬猫が信じられない程たくさん存在している、という事実を。

この施設だけでも色々な性格の猫達がいる。

近寄っただけで甘えてくる人慣れした子もいれば、保護前に人間に何かされたのか、明らかに警戒心剥き出しで威嚇《いかく》してくる子もたくさんいる。

病気や怪我で片目をなくした子、事故か何かで身体の一部を失った子、更には半身不随の子までいる。

そして、こういった保護施設にこの子達が救われなかったときの、リアルな未来まで容易に想像できたのである。

この中で、彼女は一匹の黒猫に心を奪われた。

その黒猫は生後五カ月程度の女の子で、既に施設によって避妊手術が為されていた。

どうやら殺処分間際に保健所から救い出されたらしく、やけに人懐っこい猫であった。

ただし、風邪が悪化して片目を患ってしまい、避妊手術と同時にその片目も摘出していた。

「でも、そんなの関係ないんです。もう主人もメロメロになっちゃって。ウチの初めての猫はもうこの子しかいないって」

夫婦共々一目惚れで、この黒猫を貰うことに決まったのである。

貰い受ける費用は、一匹につき三万円であった。活動費や今までの餌代やら何やら、更には医療費まで考えると安すぎる金額である。

「しかも、この子が施設から卒業することによって、その分他の不幸な子を救えるみたいなんです」

彼ら夫婦は、応援の気持ちも込めて、僅かながら余計に代金を支払って、新しい家族とともに帰宅したのである。


黒猫はイチゴと名付けられて、静子さん夫婦の一人娘になった。

そう名付けられた理由は、欠伸《あくび》をしたときに見せる鮮やかな口腔内の色が熟したイチゴのようだったことからである。

初日は警戒したのか、なかなか家にも二人にも慣れなかったが、程なくして甘えた仕草をしてくれるようになった。

そして猫用のおもちゃにも反応し、片目がないハンディキャップなど感じさせないほど元気に飛び回っていた。

だが、奇妙な現象が起き始めたのはその頃からである。

最初に気が付いたのは、旦那さんであった。

「イチゴを可愛がっていると、変な泣き声が聞こえるって言うんですよ。ええ、まるで女性の嗚咽《おえつ》のような……」

勿論、家には夫婦と猫しか住んでいないので、そのような声が聞こえるはずがない。

「うーん、おかしいね、なんて言ってたら……ワタシ、見ちゃったんですよ」

深夜、珍しくトイレに起きた彼女は、用を足した後、寝室のクッションで寝ているイチゴを見つけた。

大音量でゴロゴロと喉を鳴らし、とても気持ちが良さそうであった。

「……ん？　ん？」

イチゴの喉元に、半透明の何かが蠢《うごめ》いている。

豆球だけの幽かな明かりの中、目を凝らしてみる。

それは、人間の掌に間違いなかった。爪の色褪せたマニキュアや皮膚の状態から、恐らく女性のものと思われる。

それが愛おしそうに、イチゴの喉元を撫でているのだ。

思わず悲鳴を上げそうになったそのとき、イチゴの上半身に大きな瓜のようなものが浮かんできた。

それは次第に形を為していき、いつしか若い女の生首へと変わっていったのだ。

長い髪の毛は酷く乱れており、脂っ気が過多な状態なのか鈍く光っている。

大きく見開かれた両目にはおよそ生気というものがなくどんより曇っており、睫毛《まつげ》だけが異様に長い。

薄っぺらい唇の周辺には擦り傷が幾つもできており、赤黒く異彩を放っている。

「……め……ね……ご……め……ん」

薄い唇が緩慢に開いたかと思うと、やけに甲高い声がそう言った。

「ご……め……ん……ね……ご……め……ん」

生首はまたしてもそう言うと、いきなり静子さんの目前まで、すぅっと移動した。

余りの状況に微動だにできずにいると、その生首はぺこりと頭を垂れた。

「よ……ろ……し……お……ね……が……ま……す」

甲高いが弱々しい声でそう懇願すると、哀しげな嗚咽とともにすぅっと消えてしまった。

「恐らく、前の飼い主だったんでしょうけど。とにかく、この子は幸せにならなければいけないんです。ええ、絶対」

どんな理由で手放したのか、どんな理由で逝ってしまったのかは最早、分かりようがないが、恐らくさぞや無念であったのだろう。

「ウチは大丈夫ですよ。何があっても幸せにしますから！」

最近遊びに飢えているイチゴに、弟か妹がいたらどうだろうか、と夫婦で話し合っているとのことである。

ペットロス

「クロキチ」と名付けられたその雄猫は、元々は捨て猫であった。

紗江子さんの住むアパートの前に、目も開かないうちからファストフード店の紙袋に入れられて、無造作に捨てられていたのだ。

「もう、必死で育てましたね」

生後間もない仔猫は、約三時間毎に人肌のミルクを与える必要がある。

しかも自分で排泄できないため、濡らしたティッシュペーパー等で刺激を与えなければならない。

普通に仕事をしていればほぼ無理であったが、幸いなことに彼女の職場はアパートから徒歩数分の場所にあった。

社長に許可を得て、彼女は勤務中に抜け出しては仔猫の世話をしたのである。

時は流れ、クロキチは十六歳になった。

数年前から腎臓病を発症しており、十キロ近くあった体重は半分以下になっていた。

そして紗江子さんの祈りも届かず、クロキチは虹の橋を渡っていった。

「もう、苦しまなくていいんだな、って納得しようとしたんですけど」

当然、そう簡単にできるはずもない。

クロキチを失った痛みと悲しみは、遅効性の毒のようにじわりじわりと彼女を蝕んでいく。

やがて彼女は所謂《いわゆる》ペットロスを発症したのである。

精神的な余裕を失い、何に対しても集中できなくなっていった。

愛猫を失ったことに罪悪感すら感じるようになって自傷行為も起こし始め、ついつい会社も休みがちになってしまった。

「会社の人達が心配してくれて……」

ペットロスを克服するには新しいペットを迎えるのが効果的とのことで、彼らの勧めで新しい猫を飼うよう何度も勧められた。

しかし、なかなか踏ん切りが付かなかった。

どれほど時間が経っても症状が一向に改善しないことから、彼女自身も意を決して新しいペットを飼うことにした。

友人に紹介されて出掛けた動物保護施設で、紗江子さんは生後三カ月の仔猫と出会った。

毛色は三毛で雌。あらゆる点でクロキチとは異なっていたが、何処となく似た匂いを感じて、ほぼ即決で貰うことにした。

「ミケコ、って名付けようとしたんですけど……」

幸せは得てして、あっという間に幕を閉じる。

その三毛猫を家に迎え入れた瞬間から、何かが起きようとしていた。

室内に入った瞬間から三毛猫は狂ったように激しく鳴き始め、一向に止む気配がなかった。

「すぐに落ち着くと思ったんですけど……」

残念ながら、翌朝彼女が目覚めたとき、ミケコはぐったりと倒れ、息をしていなかった。

紗江子さんは慌てて動物病院に連れていこうとしたが、その身体は既に固くなっており、手の施しようがないことは明らかであった。

顔面をぐしゃぐしゃに濡らしながら骸を抱き上げた途端、何か黒い塊がミケコから飛び出した。

それは立体感のある影のように感じられ、まるで猫の遺体から抜け出したかのように思えた。

「あ、クロキチが来てくれたんだ、って何故かそのとき思ったんです」

失った愛猫の姿が見えるのは、もしかしたらペットロスの症状の一つかもしれない。

でも、これはきっと違う、と彼女は思った。

新しい猫にもすぐに逝かれてしまった紗江子さんを励まそうと、クロキチが駆けつけてきてくれたに違いない。

そう思ってはみたものの、何かしらの違和感を抱いていたことも確かであった。

その影はしばらくの間、ミケコの周辺で蠢いていたかと思うと、すぅっと消えてしまった。

新しく飼い始めた仔猫も失ってしまい、紗江子さんの症状はより一層悪化の一途を辿っていった。

勿論友人の勧めで専門の病院で診てもらったりもしたが、一向に良くはならなかった。

「もう、自分でもどうしたらいいか分からなくなって……」

紗江子さんの様子を見かねた友人の紹介で、今度は五歳の雄猫を飼い始めた。

友人がインターネット経由でその猫の存在を知り、紗江子さんを伴って保護している人のところまで出掛けたのである。

紗江子さんは、一目でその猫の虜になってしまった。

物凄く甘えん坊で、毛色は茶トラで全く違うが、何処となくクロキチにそっくりな猫であった。

だが、彼女の部屋に連れてきた途端、茶トラは毛を逆立てて唸り始めた。

まるで見えない雄猫と本気の喧嘩でもしているかのように、暴れ始めたのだ。

宥《なだ》めようとした紗江子さんは猫のひっかき傷で血塗れになって、痛みとショックで全身の震えが止まらなくなってしまった。

そこには、出会ったときの甘えん坊ぶりは何処にも見当たらなかった。

そして茶トラは紗江子さんの手を振り切ると、たまたま少しだけ開いていた小窓に頭を突っ込んでこじ開け、そのまま外へと逃げてしまった。

今起きたことは到底信じられず、飼い始めたばかりの猫が出ていった小窓を、彼女は呆然としながら見つめるよりほかになかった。

そのとき、小動物のような真っ黒い影が突然現れ、窓枠の辺りを浮遊していた。

もしかしたら、仔猫のときと同じように、茶トラの身体に纏《まと》わり付いていたのかもしれない。

でも、彼女には分かる。

あの影は、間違いなくクロキチなのだと。

そして、確信した。

クロキチは他の猫に私を取られてしまうのを嫌っているのだ、と。

だからと言って紗江子さんの精神状態が良くなった訳ではなかった。

それどころか、運命はときに苦しむ人間に追い打ちを掛けるような真似をするものである。

会社から帰宅したとき、郵便受けの前に見慣れない段ボール箱が置かれていた。

案の定、であった。

「すっごく厭な予感はあったんですよ……」

その箱の中には、生後三カ月程度と思われる黒猫が横たわっていた。

体温が下がっているのか、脱水症状なのか分からないが、今にも消えそうな呼吸音を弱々しく奏でている。

一瞬、見なかったことにしようとした。

どうせ助からない。だったら他の誰かに任せたら良い。そう思ったことは確かである。

しかし、そのような考えは一瞬で消え去った。

今にも消えそうなこの命、自分だったら助けられるかもしれない。

万が一ダメだったとしても、この不幸な仔猫に、ほんの一時だけでも安らぎを与えられるのではないだろうか。

〈お願い、クロキチ！　この子を助けてあげて！〉

クロキチの写真に何度も懇願しながら仔猫の身体を温め、ミルクを与えようとした。

しかし、彼女の願いもむなしく、仔猫は毛布の中で冷たくなってしまった。

しかも、その表情は苦悶に満ちており、冷たくなった骸にはまたしても重なるように黒い影が見え隠れしていた。

紗江子さんは思わず、その場で叫んだ。

大きく見開いた眼で黒い影を睨め付けながら、喉が張り裂けんばかりに、心から発した。

「クロキチ！　クロキチ！　酷いじゃないっ！」

彼女の言葉が効いたのか、それとも眼光が効果的だったのかは分からないが、クロキチらしき黒い影の動きが、ふと止まった。

「クロキチ！　どうしてそんなことするの！」

黒い影の姿が、小刻みに震えている。

そして、曖昧模糊《あいまいもこ》としていたその姿が次第に明らかになっていく。

それは、黒猫の姿ではなかった。

何処からどう見ても、彼女の愛猫であったクロキチではなく、頭髪のまばらな中年男性の頭部であった。

「ゲヘヘヘへっ……」

不気味な笑い声を上げると、その汚らわしい頭部だけの存在はその場で小刻みに揺れ始め、そのままずぅっと消えてしまった。


「私はね、ペットを飼っちゃいけないんですよ」

彼女はそう悲しげに言う。

あの日から色々なことを試してみた。

お祓いも数回したし、怪しげな霊能者に頼ったことも何度かあった。

彼らは皆、口を揃えてこう言ったのである。

「もうペットを飼っても大丈夫ですよ」

しかし、もしダメだったら。もし次も愛らしい動物の身に何かが起きたら、今度こそ立ち直れそうな気がしない。

そういった理由で、今現在、彼女に動物を飼い始める勇気はまだない。

丑三

沢井さんは子供の頃、酷く怖がりだった。

お化けの類は勿論、ほんの些細《ささい》なことにもしょっちゅう怖がっていた。

一度も通ったことがない、人気のないひっそりとした路地が怖い。

得体の知れない何かが棲んでいそうで、病院も怖い。何処かに連れていかれそうで、救急車はもっと怖い。

でも、霊柩車とすれ違うときだけは、ちょっとだけ自信があった。

何故なら、親指を内側に握りしめてさえいれば大丈夫だとの噂があったので、その状態を保ったまま息を詰めて歩いた。

中でも一番怖かったのは、所謂「丑三つ時」である。

日本古来の時間の表示方法である延喜法が元になっているが、今の時間帯に直すとおおよそ午前二時から二時半程度である。

だが、一般的には午前二時を指すものであり、沢井さんも当時そう思っていた。

それはともかく丑三つ時と言ったら、まずあれだ。

丑の刻参り、しかないだろう。

現場を見てしまえば呪い殺されると言うし、そんなものを見てしまったら、呪い殺される前に怖くて死んでしまうに決まっている。

その他にも、鬼やら妖怪やら幽霊やら殺人鬼が徘徊するのは、大体丑三つ時であると相場が決まっている。

そもそも、丑の刻には現実と異界の境界が曖昧になるのだと、当時愛読していた怪奇百科にしっかりと書いてあったのだ。

しかし、小学校低学年の頃である。

午前二時、三時まで起きている機会は全くなく、安全な布団の中でぬくぬくと眠っている間に、ほとんどの怪異は彼の横を素通りしていくのが常であった。

だが、そうは言っても心配な点もある。

幼い頃から眠りが浅かった彼は、夜中に目覚めてしまうことが何度かあった。

その経験から、起きた時間がたまたま丑三つ時だったらどうしようと考えてしまい、ますます眠れなくなるのであった。

法事か何かで、親戚の家に泊まったある夜のこと。

常日頃より恐れていたことが、遂に起きてしまった。

ふっと夜中に目が覚めてしまい、それ以来全く眠れないのである。

ひょっとしたらまだ早い時間で、集まった大人達は起きているかもしれない、などといった淡い期待は早々に裏切られた。

親戚達との宴会が既にお開きになってしまったのか、父親はいつもより大きな鼾《いびき》を掻きながら、隣で熟睡している。

ということは、もう、結構遅い時間なのだ。

けれど、丑三つ時とは限らない。とにかく丑三つ時でなければいいのだ。

〈ボーン……ボーン……〉

彼の必死な願いも、居間にある柱時計が奏でる陰気な調べによって、無惨に打ち砕かれた。

さあ、どうしよう。

彼は恐怖の余り、布団から顔を出すことすらできなくなってしまった。

もしかしたら、血塗れの女が彼を覗き込んでいるのかもしれない。

それどころか、今この瞬間も、ありとあらゆる恐ろしいものが自分の周りを取り囲んでいるような気がして、小揺るぎすらできない。

そして、こんなときに決まって必ず襲ってくるもの。

それは勿論、尿意である。

とは言うものの、トイレに行くなんて絶対に無理だ。

ここのトイレは、薄暗い廊下を延々と歩いた先、仏間の向こうにあるのだ。

布団から出ることすらできないのに、一体どうやって行くというのか。

その道程は、余りにも遠い。

叱られるのは覚悟の上で、隣で寝ている父親を起こそうと試みたが、煩《うるさ》そうに寝返りを打つのみで全然起きそうにない。

そうこうしている間も、尿意は待ってくれない。待つどころか、より一層凶暴さを増しているような気がしてならない。

もう、もう無理。もう、我慢できない。

彼は目を固く瞑ったまま、布団の中から飛び起きた。

そして、薄目を開けながら薄暗い廊下へと足を踏み入れた。

煌々《こうこう》と光る月明かりに照らされて、急ぎながらも極力音を立てないよう、忍び足で仏間へと向かっていく。

体重が掛かる度に軋《きし》む木床に辟易《へきえき》しながら、下腹部の圧迫感を堪えつつ歩み続ける。

そのとき。

踏み込んだ右足が、木床の中に深く沈んだ。

その〈ぐにゃり〉という不安定な感覚に続いて、彼の身体は右側へと思いっきり崩れ落ちた。

身を守ろうと咄嗟《とっさ》に突き出した右掌が堅い床に触れたかと思うと、今度はその部分がぬらりと滑った。

そのまま床に身体を打ち付けるかと思ったが、そこには布団のようなふかふかした柔らかい感触しかない。

しかも、まるで油でもたっぷりと塗られているかのように、ぬるぬると滑る。

すぐに起き上がろうとしたが、身体がある箇所が柔らかすぎて、上手く立ち上がることができない。

その場で藻掻《もが》いていると、真っ黒な床から驚く程大きな一つ目がかっと見開いた。

それは洗面器程度の大きさで黄褐色をしており、まるで猫の目のように細長い瞳孔をしている。

その瞬間、沢井さんの身体はびくりと脈打ったかと思うと、そのまま意識が暗転していった。

気が付いたとき、彼は温かい布団の中にいた。

隣では相変わらず父親の鼾が煩かったが、採光窓から入ってくる陽光と鳥の鳴き声から、朝だということが分かった。

もしかして、夢だったのかも。ああ、良かった。

ほっと胸を撫で下ろしながら布団から出た途端、異変に気が付いた。

全身、油塗れだったのである。

着ていたパジャマのみならず、頭や手足に油らしきぬるぬるしたものがべっとりと付着していたのだ。

意味が分からず、布団の中から上半身だけ起き上がって狼狽《うろた》えていたところ、いつの間にか起きていた父親の声が聞こえてきた。

「お前、何やったんだ?」

結局、彼の身体に付着した油のようなものの正体は不明であった。

ただ、臭いは一切せずに、無色であったことだけははっきりとしている。

着用していたパジャマや下着、そして布団類は洗ってもぬるぬるが一切取れずに、廃棄するしかなかった。

沢井さんは父親からこっぴどく叱られたそうであるが、数十年経た今でも納得がいっていない。

「だって。オレ、何か悪いことしました？」

深山に棲むもの

数年前に脱サラして起業した黒田さんは、東北地方で所謂「何でも屋」を営んでいる。

便利屋、万屋《よろずや》、色々と呼び方はあるが、とにかく「何でもやる」といった経営方針に間違いはない。

夏は草刈り、冬は雪掻き、脱走した犬猫鳥の捜索、不要品の処分、害虫駆除などなど、枚挙に暇《いとま》がない仕事内容である。

「でも、この仕事ってさ……」

何かと忙しい割には、はっきり言って儲からない。

ごく普通に会社勤めをしたほうが、高収入を得られる、と彼は断言した。

「まあ、あくまでもオレの場合だけどね」

そのような状況であるから、従業員を雇う余裕などあるはずがない。

どうしても人手が欲しいときには、既に年金生活の父親に頼み込んで、手弁当で助っ人に来てもらっていた。

ある夏の日のこと。

近所の知人から、とある仕事を依頼された。

それは、カラスの駆除であった。

依頼人の所有する山の一角で、りんごを栽培していたが、最近とみにカラスの食害が凄まじいとのことであった。

何とかして、カラスをりんご畑から一掃してほしい、との切実な願いである。

報酬として提示された額は想像以上で、喉から手が出るほどであった。

ただし、今すぐにでも取りかかってほしいとの条件付きである。

間髪入れずに請け負おうかと思ったが、ある点に気が付いたため、まずは確認することにした。

「……駆除ってことは、追い払えばいいんですか？」

しかし、とんでもないとばかりに依頼人は勢いよく頭を振った。

そんな甘い考えでは話にならない。是非とも、捕まえて殺してほしい――と黒田さんの目をまっすぐに見つめつつ、語気を強めながら言った。

どうやら、積年の恨みが積もり積もって、行くべき所まで行ってしまったらしい。

だが、日本には「鳥獣の保護及び管理並びに狩猟の適正化に関する法律」が施行されている。

この所謂「鳥獣保護管理法」によると、「鳥類または哺乳類に属する野生動物」を無許可で捕獲または採取等をしてはならない。

ということは、即ちカラスも対象となっていて、県の許可を得なければ捕獲すらしてはいけないことになっている。

黒田さんは両腕を組んで、その場で考え始めた。

そして、あっという間に出された結論は、「受託」であった。

「まあ、バレなきゃ大丈夫じゃないですか」

お客さんもできるだけ早い駆除を希望しているので、県の許可を取っている時間はないと判断したのである。

勿論、見つかれば「一年以上の懲役または百万円以下の罰金」に処せられる可能性がある。

そのリスクを考えても、今回はこの仕事を受けることにした。

「そんな訳で、りんご畑の付近に罠を仕掛けたんですよ」

専用の捕獲器は高価すぎて手が出せなかったので、木枠と網を使って、見よう見まねで自作することにした。

見てくれは悪いが、性能的にはそこそこの捕獲器を作成して、父親の手を借りながら二人で設置することにした。

高さ二メートル程度の網で作られており、天辺には穴が開けられているため、カラスはそこから侵入することができる。

しかし一度入ってしまうと、抜け出そうとした場合は吊り下げられた複数の鎖が羽に当たるようになっている。

つまり、獲物はそこから翼を使って飛び出すことができなくなってしまうのだ。

「凄いよね。ま、オレが考えた訳じゃないから、アレだけど」

とにかく、朝から二人掛かりで捕獲器を二つ設置したのである。

おびき寄せるための鶏肉を備え付けた頃には、既に夕闇が迫っていた。

二人は溢れ出る汗を拭いつつ、お互い満足した表情で、その場を後にした。

翌日の昼過ぎ、黒田さんは父親を伴って、昨日設置した捕獲器の状況を確認しに来た。

「最初の罠には訳の分からない昆虫しか入っていなかったんですが……」

がっくりと肩を落としながら二つ目の罠に向かっていった。

しかし、二つ目の捕獲器に近づいた辺りから、何やら辺りは異様な雰囲気に包まれていた。

常ならぬ静寂が近辺に漂っており、三十度を超えるような体感気温にも拘わらず、この付近だけやけに寒く感じられた。

何かの異変を感じ取りながらも、二人は捕獲器へと歩み寄っていく。

「あっ、親父！　入ってる！　入ってるよ！」

思わず、黒田さんは大声を上げた。

確かに、カラスらしき黒いものが、餌の鶏肉を貪り喰っているようであった。

黒田さんの父親は満足げに何度も頷きながら、網を通して獲物の状態を凝視した。

そのとき。

「……うぅぅ、うぅぅ、うぅぅ、うぅぅ」

黒田さんの父親は驚愕の表情を見せながら、勢いよく後方へと倒れ込み、地べたに尻餅をついた。

そして人差し指で獲物を指差しながら、まるで池の鯉《こい》のようにパクパクと口を開閉している。

只事ではない何かを感じ取って、黒田さんは慌てて捕獲器に近づいた。

底に置かれている鶏肉から少し離れた所で、一羽のカラスが腹部を天に向けて死んでいた。

しかも、その両足は既になくなっており、何処にも見当たらない。

その代わりと言っては何だが、人間の靴位の大きさをした真っ黒い毛の塊が、十数体蠢いている。

その姿は一見獣のように思われたが、明らかにそうではなかった。

何故なら、その塊には皆同じ特徴があったからである。

「……眼ですね。身体の半分以上を占めるほど大きな眼が、一つだけ背中に付いていたんです」

分かったことはそれだけである。

その生物の全体像を掴む暇はなかった。

何故なら、尻餅をついていた彼の父親がいきなり唸り出すと、その場で口から泡を吹いて昏倒したからである。

黒田さんの父親は直後に病院に担ぎ込まれたが、残念ながらそのまま他界してしまった。

死因は心不全で、それ以上は何も分からない。

「……あの歳で持病の一つもなかったんですがね」

そう言いながら、黒田さんは何処となく寂しそうな表情を見せた。

それから数日後、黒田さんは改めて捕獲器の状態を確認しに行った。

しかし、彼ら親子が仕掛けた捕獲器は何者かによって徹底的に破壊され、獲物どころか腐敗した鶏肉の肉片一つ見当たらない状態であった。

木枠は物凄い力で粉々に砕かれ、頑丈な網はほとんどが引きちぎられていた。

「もう、無理ですよね。あんなおっかない山に、私なんかが何かできる訳がない」

黒田さんは依頼人に頭を下げて、この仕事自体をキャンセルさせてもらったのである。

今でも黒田さんは「何でも屋」を営んでいるが、あの山に関わることだけは絶対に受けないと決めている。

かまくら

太田さんが小学校低学年の頃の話になる。

昨晩から降り始めた雪が積もりに積もって、朝方には一メートル以上の積雪になっていた。

太田さんは早速近所の友達に連絡して、朝から近くの裏山で雪遊びを始めた。

「ミニスキーや雪合戦、ホント、よく遊んだなァ」

朝食と昼食は家に戻ってそそくさと済ませ、また二人で遊び始める。

今考えると何処にそんなパワーがあったのか分からないが、とにかく疲れるということを知らない年齢であった。

「それで、最後にはかまくらを作り始めたんですが……」

夕闇が間近に迫っており、楽しい時間も終わりを告げようとしていた。

遊びの〆とばかりに二人で手頃な大きさのかまくらを作り始めた。

結構大変だったが、無事作り終えた後、その中に入ってみることにした。

すると、想像を超える暖かさと快適さだったのである。

そこで、太田さんは友達に向かって呟いた。

「ここに泊まれないかな、って。軽い気持ちで言ったんですよね」

その提案がしっくりと来たらしく、友達は早速その気になって捲し立てた。

「オレ、食いもん持ってくるよ。あと、飲みもんも！」

張り切る友達の姿を見て、太田さんもテンションが上がってきた。

「じゃあ、毛布と懐中電灯を持ってくるよ。あと、あと、何がいるかな？」

その問いに、友達は自信満々に言った。

「マンガと風邪薬！」

太田さんも友達も風邪を引いている訳ではなかった。

しかし、風邪を引いたら困る、といった友達の真剣な表情に圧倒されたのである。

少々疑問に思ったものの、太田さんはこくりと頷いた。

「じゃあ、父ちゃんと母ちゃんにはおおたっちの家に泊まるって言ってくるよ！」

「うん。オレも同じように言ってくるよ」

そう言って、二人は一旦家に帰っていった。


時刻は十九時を少し回った頃であろうか。

二人とも両親に嘘を吐いて、かまくらへと戻ってきた。

このような時間に外出することは滅多になかったので、否応なしに気分は高揚していた。

しかし各自大量の荷物を携えていたので、端から見たらまるで家出少年のようにしか見えなかったと思われる。

作りたてのかまくらは月明かりに照らされて、鈍く輝いている。

そしてその中は、想像以上に暖かい。

二人は他愛もない話をしながら、引き続き遊び始めた。

しかし、その愉しみは思ったよりも長続きはしなかった。

二人でかまくらの中で遊んでいても、案外つまらないのである。

しかも仄《ほの》かな月明かりと心許ない懐中電灯の下では、暗くて怖いのである。

いつの間にか会話も途切れがちになってしまい、妙な空気が辺りに漂い始めた、そのとき。

「……うううっ、うううううっ、うううううっ」

妙な唸り声が何処からともなく聞こえてきた。

二人とも、まるで電気にでも打たれたかのようにびくりと肩を動かしながら、一斉に息を潜めた。

「……ううううっ、うううううっ、うううううっ」

聞こえる。確かに聞こえてくる。

今まで聞いたこともないような、獣とも思えないような異様な唸り声である。

太田さんは冷や汗を流しながら隣に視線を動かすと、友達は信じられないほど大きく両目を見開いて、外を見つめている。

慌てて彼の見つめる方向へと視線を遣ったそのとき、心臓の鼓動が一気に加速した。

人影が、しかも一人ではなく複数の人影が、かまくらの中から垣間見えたのである。

大人のようにしか見えない黒っぽい連中が、まるでかまくらを取り囲むように歩いていた。

そして、ザッ、ザッ、ザッ、ザッ、といった足音が唸り声とともにこだましている。

それは、登山靴のような重く硬い履き物が深雪を踏みつける音にしか思えなかった。

太田さんは全身から一気に血の気が引いていく感覚に囚われてしまい、呆けたように黒っぽい人影を見続ける他なかった。

友達はがくがくと震えながら、とにかく声を出さないよう必死に我慢していた。

と、そのとき。

彼らの歩みが、ふと止まった。

当然、足音も一切聞こえなくなってしまった。

いつしか、唸り声も消えている。

かまくらの中にいる二人が微かな希望を持った瞬間、入り口の前に突っ立っていた黒っぽい奴が、かまくらの内部に侵入してきた。

首だけがにゅーっと伸びて、かまくらの中に強引に入ってきたのだ。

その顔は予想通り真っ黒で、顔面には凹凸どころか何もなかった。

それが合図となったのであろうか。

外を徘徊していた者達の首が一斉に伸び始め、次々にかまくらの中に押し入ってきた。

これ以上耐えることは、不可能であった。

慌てふためいた二人は、喉が張り裂けんばかりに大きな悲鳴を上げながら、かまくらから飛び出した。

そして何も持たずに、各々、自宅へと逃げ帰ろうとした。

全速力で走って家の周辺に戻ると、そこには大勢の人達が懐中電灯を持ってたむろしていた。

「びっくりしましたよ。両親が涙を流しながらそこにいたんですから」

行方不明になった二人を探しに、彼らの両親だけではなく近所の人達も集まっていたのだ。

当然、二人とも嘘を吐いていたことが見事にばれて、こっぴどく叱られたのは言うまでもない。

太田さんは必死になって、かまくらで体験したことを悉《つぶさ》に説明したのだが、信じる者は誰一人としていなかった。

「まあ、結局はあの黒い影と唸り声の正体は不明なんですけどね」

今からおおよそ四十年前の、雪深い東北の片田舎で起きた不思議な出来事である。

ここではない話

蒲田さんが友人とドライブに行ったときのこと。

久しぶりに遠出することになって、他県まで足を伸ばすことにした。

高速道路なんて野暮なものは利用せず、下道ばかりを選んで気の向くまま走らせていた。

「おっ、枇杷《びわ》売ってるじゃん。ちょっと見ていこうぜ」

車通りの少ない県道沿いの果物販売店で、蒲田さんは車を駐めた。

「へぇ、結構安いじゃん。ここ」

そう言いながら陳列されている商品を物色していると、隣にいた友人が青い顔をしながら言った。

「オレ、ちょっとお腹が痛いから。コンビニに行ってくる」

おいおい、こんな辺鄙《へんぴ》なところにそんなものあったかな、と首を傾げていると、

「さっき見えたじゃん。この先を少し行くとあるよ」

友人はそう断言して、店外に出ようとした。

「ここで貸してくれるんじゃないの？」

そう話し掛けるが、彼は聞く耳を持たない。

「いいよ。ちょっと行ってくるよ」

「おい！　車で行ったほうが良くないか？」

「大丈夫。すぐそこだから、歩いていくよ。お前はゆっくり土産見てていいよ」

友人はそう言いながら、気持ち早足で県道沿いを歩いていった。


訳あり品で安くなった枇杷を幾つか買って、車に乗り込もうとしていると、ちょうど友人も戻ってきた。

いやにすっきりとした表情をしながら、言った。

「いやあ、すっげえ可愛かったなあ、あの娘《こ》」

「ん？　誰のこと？」

詳しく話を聞いてみると、この先にあるトイレを借りたコンビニに、滅茶苦茶可愛い店員さんがいたとのことであった。

「いやァ、あんな可愛い娘、初めて見たよ」

彼と話をしているうちに自分もこの目で見たくなってしまい、ついでに飲み物でも買おうかと考えて、一緒に行ってみることにした。

ところが、付近にコンビニなど見当たらない。

盛んに首を傾げて不思議がる友人を尻目に、速度を落として車を走らせてみるが、何処にもコンビニなんかありはしない。

「ウッソだァ、絶対にあるって。おい、ちょっと戻って」

友人の言うがままに何度か付近を行き来したが、一切見つからない。

やむなく、蒲田さんは車を路肩に駐めた。

歩いて探したほうが見つかるような気がしたのである。

「絶対にこの辺りだったんだよなァ」

目を皿のようにして県道沿いを散策していると、何やら廃墟のような物件を見つけた。

その建物の形状や駐車場、そして看板らしきものから判断して、とっくの昔に閉店して打ち捨てられたコンビニではないかと見当を付けた。

「ひょっとして、ここじゃないのか？」

「いや、ここじゃないって！」

「でも、他にないじゃん。もしかしてオマエ、俺を担いでる？」

「いや、違うって。絶対にここじゃないって。いや、ここだけど」

などと、友人は不思議そうな表情をしながら、意味不明なことを言い続けている。

友人は、〈確かに場所は合っているが店舗はこんな廃墟ではない〉と言い張っているように思われた。

「ああ、分かった、分かった」

蒲田さんは少々面倒臭くなって、いきなり携帯電話を構え、目の前のコンビニらしき廃墟の写真を何枚か撮り始めた。

後で友人と飲むときの話のネタにならないか、と考えたからである。

散々写真を撮り終えると、立ち尽くす友人を半ば強引に車内へと戻して、ドライブを続けることにした。


それから数日経った深夜のこと。

いきなり鳴り始めた電話の音で、熟睡していた蒲田さんは強制的に起こされた。

不機嫌そうに電話に出ると、受話器からは友人の声が聞こえてきた。

「……ああ、蒲田。すまないがオレ、あそこに行くよ」

「あっ？　あそこって、何処に行くんだよ」

「一緒に行ったあのコンビニだよ。どうしても彼女に会いたくなっちゃってさァ。もう我慢できないんだよ」

「ちょっと待てよ。こんな時間にいきなり何だよ。おかしいだろ？」

「すまないなァ。じゃあ」

そう言って、通話は一方的に切られた。


「それ以来、アイツとは一度も会っていないんです」

捜索に来た親御さんの話によると、住んでいたアパートの荷物はそのままで、免許証や財布も置いたまま蒸発してしまった。

親御さんからの依頼もあって、蒲田さん自身も色々心当たりを探してはみたものの、彼の行方は一切分からなかった。

勿論、あの廃墟にも親御さんと一緒に訪れてはみたが、そこは既に取り壊されて更地になっていた。

「そのときまで忘れていたんですが。急に思い出したんです。あのとき、撮った写真を……」

そして藁にも縋る気持ちで、その写真を調べてみることにした。

それを見た瞬間、背筋が凍ってしまった。

打ち捨てられたコンビニの窓から、友人の顔が覗いていたのである。

八枚撮った写真全てに、彼の顔がしっかりと写っていたのだ。

そして彼の傍らには、短い髪の女性らしき人物がぼやけながら写り込んでいた。

まるで彼にぴったりと寄り添うように。

しかし、その顔面は醜く歪んでおり、とてもじゃないが直視できないような空恐ろしさすら感じるものであった。

「ええ、その画像はまだあります。ありますけど……」

友人の親御さんの意向で、蒲田さん自身ももう二度と見ないし、誰にも見せるつもりはないとのことである。

無理を承知で何回も懇願したが、彼の決意は固く、打ち崩すことは不可能であった。

ボウズ

おおよそ三十年以上前、美濃さんが友人と渓流へ岩魚《いわな》釣りに行ったときの話である。

深夜に車で出発したが散々道に迷ってしまい、釣場へと到着したのは昼を大きく過ぎた頃であった。

カーナビなどまだまだ普及していなかった時代である。

勿論初めての場所で、しかも二人で地図と格闘しながらの走行だったので、迷ってしまうのも致し方ない。

狙っていた朝まずめには間に合わなかったが、それでも夕刻まで待って夕まずめを狙うという手がある。

「やる、か？」

「おう、やろう」

夕まずめを狙うことで、二人の意見は合致した。

当初は暗くならないうちに帰路に就く予定であったが、このような状況では仕方がない。

二人は車内で軽く仮眠を取ってから、夕方まで待つことにした。

頃合いを見計らって、早速釣りを始める。

いつもなら、生命反応一つ感じることができずボウズで終わることもままあるのだが、今回は違った。

これでもかとばかりに釣れまくり、ほんの数十分で二人とも満足するような釣果に恵まれた。

「もう、いいよな」

美濃さんがそう言うと同時に、友人も後片付けをし始めた。

しばらくすると、友人の手はいつの間にか止まっており、前方に視線が釘付けになっている。

友人の様子が気になった美濃さんがそちらを見ると、そこにはボロボロの炭焼き小屋のようなものが建っていた。

大分前に打ち捨てられたのか屋根や外壁は所々崩れており、既に廃墟と化している。

だが、その朽ち果てた扉の影から、誰かが覗いているのだ。

「あれって、人だよね？」

友人にそう訊ねると、こくりと頷いた。

じっくり見てみると、確かに人の顔であった。

恐らく五歳程度の男の子であろうか。

ブルーのシャツに白っぽい半ズボンを身に着け、膝まである靴下を履いた何処となく暗い影を持った坊主頭の少年であった。

その少年は、自分が凝視されていることに気付いたのか顔を隠した。こちらが少しだけ目を逸らすと、またひょっこりと顔を出す。

そのような他愛もないことを幾度か繰り返していると、友人がいきなり笑い出した。

ケケケケケッ、といった今まで聞いたこともないような、病的な笑い方であった。

ところが、それにつられるように、美濃さんも笑い始めた。

理由は分からないが、お互いに笑いが止まらなくなってしまい、いつまでもゲラゲラと笑い続けている。

大分長時間笑っていると思ったら、今度は友人が急に真顔になって、言った。

「こんな時間に、子供がたった一人で。なあ、おかしくないか？」

確かに、おかしいし、尋常ではない。

この釣場へは、事前に調べた限りでは徒歩でしか辿り着くことができない。

しかも、車を駐めた草叢《くさむら》から、険しい道を一時間以上歩かなければならない。

そのことに気が付いた途端、背筋が急に冷たくなった。

いやにねっとりとした汗が額から溢れ出し、手拭いで拭っても拭っても埒《らち》が明かない。

「……ちょっと、見に行こうぜ」

友人はそう言いながら、ゆっくりと小屋に向かって歩き始めた。

最初は躊躇《ちゅうちょ》したが、ここに一人でいるのも何か違うような気がする。

美濃さんは、友人の後を怖々《こわごわ》付いていくことにした。

「……やっぱり、な」

朽ち果てた炭焼き小屋を覗き込んだ友人が、そう言った。

確かに、この廃墟には誰もいない。

それどころか、これだけは確信できる。

辺りには自分達二人を除いて、人っ子一人いやしないのだ。

ましてや子供が一人だけでこんな場所にいるなんて、絶対に有りはしない。

「おい、帰ろう。早く。早く」

そう言いながら美濃さんは友人の頬を擦ったが、彼は微動だにしない。

それどころか、天井を見上げて、まるで酸欠状態の金魚のように口をパクパク開閉している。

美濃さんが慌てて視線を上へ向けると、そこにあの少年がいた。

馬鹿みたいに大きく広がって、例の坊主頭が天井一杯に拡大して浮かんでいた。

その血の気の失せた表情からは生気の欠片すらも感じることができず、青紫色の唇からは薄汚い茶褐色の乱杭歯《らんぐいば》が垣間見える。

そのとき、小屋全体が崩壊せんばかりにこっぴどく揺れた。何かが物凄い勢いでぶつかったかのように思われた。

その刹那、まるで示し合わせたかのように、二人とも一斉にその場から走り出した。

そして信じられないような険しい道を、奇跡的に一度も転ぶことなく短時間で戻ることができたのである。

「まあ、釣りの道具は一式買い直す羽目になっちゃったんですが……」


車中に戻れた安心からか、二人とも無言のまま肩で息をしていると、いきなり窓ガラスをコツコツと叩かれた。

慌てて視線を向けると、そこには農作業姿のお爺さんがニコニコとした笑みを浮かべている。

「これ、落どしましたよ」

そう話す彼の右手には、茶色のタオルがあった。

「……あ、ありがとうございます」

美濃さんが頭を下げつつタオルを受け取ると、お爺さんは頭を振った。

「いやいや。ところでな、ごごはあんまし良い場所じゃねえのでな、釣りは止めたほうがいいべな」

そう言って、両手を胸元まで持ってくると、だらりと垂らした。

「出っからな、ごごは」

お爺さんはそれだけを話すと、その場から立ち去っていった。

酒に溺れる

大越さんは若い頃、路上生活をしていたことがある。

「ハタチかそこらだったと思うよ、確か」

敷かれたレールに乗って地元の国立大学へ入学したまでは良かった。

しかし、そこから先は思い通りにならなかった。

勉強、友人関係、生活、その全てが上手く行かなかったのだ。

そして悩みに悩みまくった結果、彼はその全てから逃げ出した。

恐らく精神を病んでしまったのであろう。

「パニックを起こしてしまったんだろうね、多分」

夜中にこっそりと人目を忍ぶように部屋を飛び出すと、そのままこの場所から消えようと決めたのである。

雀の涙程の全財産を握りしめて、大越さんは何も考えずに電車へと乗り込んだ。

知らない土地で、金銭的余裕もない状態のまま新生活を送る。

試したことすらなくても、いかに難しいことかは想像に難くない。

案の定、その厳しさが容赦なく大越さんに襲いかかる。

やっとのことで手に入れたアルバイトの仕事も、長時間の重労働かつ理不尽な仕打ち、そして信じられないほどの薄給。

その全てが、彼の精神をごっそりと削り取っていく。

地獄のような日々からほんの一時だけでも解放されようとして見つけたもの、それはアルコールであった。

この歳になるまで全く興味が持てなかった酒という魔物に、彼はあっけなく絡め取られてしまったのだ。

生活のためというよりは、酒代のために働く。

より稼げる場所へと転々としながら職を変えていき、いつしか非合法なことにまで手を出し始めた。

だが、ここでもそう上手くは行かなかった。

職場の同僚に裏切られたことが切っ掛けとなって、彼はまたしても全てを捨て去った。

逃げるように知らない土地へと転がっていき、遂にとある場所を新しい居住地と決めたのだ。

そこは、大分前に経営が断念されたラブホテルの一室であった。

夕闇が迫ると辺りには人っ子一人いなくなるような辺鄙な土地にある、一目見ただけで廃墟と分かる場所であった。

そこの201号室に、彼は住むことにしたのである。

いつ取り壊されるか分からないそのホテルで、彼は寝泊まりしていた。

寝床は立派なベッドが備え付けられていたし、かなり黴臭く獣臭が酷かったが布団まである。

夜間の明かりはコンビニで入手したローソクに火を点せばよいし、まずまず快適であった。

そこを拠点として空き缶類を集めては、金属回収業者に引き取ってもらっていた。

勿論二束三文の稼ぎではあったが、食事は無料で貰えるパンの耳で十分であるから、一日のカップ酒代になれば上等であった。

しかし、近所のパン屋がその無料サービスを廃止してから、そうも行かなくなってきた。

日々の稼ぎは食事代へと使わなければならなくなってしまい、酒代には足らなくなってしまったのだ。

「それで、思いついたんですよ」

大越さんは空き缶集めの傍らに、片っ端から墓地を訪れた。

そして、お供えの酒や供物を失敬し始めたのである。

「かなり確率は低いですが、まあたまには当たるんで。コレの合間に……」

そう言いながら、彼は右手の人差し指を鉤型に曲げた。


そして、ある日のこと。

簡単に酒を調達できるような店も見当たらず、幾つか回った墓地も空振りであった。

すっかりと肩を落として帰路に就いていると、大通りの交差点の片隅に、真新しい花束が置いてあった。

そこには新品のカップ酒と煙草、そしておつまみの類が大量に供えられていた。

「嬉しかったですよ、そりゃ。全部、有り難くいただきましたよ」

その日、彼は遅くまで飲むことにした。

ここまで幸運なことは滅多に起きない。

それを理解していたからこそ、今日だけはこのささやかな幸運にお祝いしたかったのだ。

二本目のカップ酒を飲み干そうとしていたとき、部屋の扉から何者かがノックする音が聞こえてきた。

大越さんは明かりを急いで消すと臭う布団を頭から被り、ベッドの中に潜り込んで身を潜めた。

そのとき。

ぎぃっ、ぎぃっ、ぎぃっ、ぎぃっ。

突然、ベッドが音を奏で始めた。

何事かと思いつつ身動き一つ取れずにいると、いきなりベッドが緩慢に回り始めた。とうに錆び付いた可動部が不気味な音を発しながら、ゆっくりと動き続ける。

だが、大越さんは当然知っている。

この部屋どころかホテル全体に電気は通っていないし、このベッド自体の電源がダメになっていることを。

鼠《ねずみ》か何かに恐らく齧《かじ》られたのであろう、コード部分がズタズタに断線しているのを、この目で確認していたのだ。

だとしたら、どうして動くのか。

何とも表現できそうもない「怖い」という感情が彼の脳内を支配し、それとともに次第に動悸が激しくなっていく。

〈こわいこわいこわいこわいこわいこわい〉

自然に身体が縮こまっていく。

どん！　どん！　どん！　どん！　どん！

まるで破壊せんばかりに、物凄い力でドアが叩き続けられている。

動悸が酷すぎる。不摂生な生活が効いてきたのかもしれないが、とにかくこのままでは心臓が持ちそうもない。

「あのぅっっっっ！　あのぅっっっっっ！　あのぅっっっっっっ！」

ドアを通して、大声が聞こえてくる。

そのとき、彼の中で何かが切れた。

この部屋に鍵なんて代物は掛かっていない。入ってきたければ、とっとと入ってくれれば良い。

そのようなことを口汚く絶叫したとき、いやに落ち着いた声が大越さんの耳元で囁《ささや》いた。

「ボクのですよ、それ」

妙に落ち着いた、四十歳位の男性の声であった。

その瞬間、彼は床に正座をすると、何度も何度も床に額を擦りつけた。

「すみません！　すみません！　すみません！」

そう心から謝っていると、またしても耳元で声が聞こえてきた。

「さ、ん」

その声を聞いた途端、天井一杯ほども大きな顔面が、いきなり目の前に現れた。

と思った途端、彼の意識は暗闇の奥底へと沈んでいった。

「あれから色々ありましたよ。でも、これだけは断言できます。真っ当に生きようと必死で頑張ったんです」

大越さんは路上生活から抜け出し、今ではアパートに独りで暮らしている。

紆余曲折しながらも、物流倉庫の仕事を得ることができて、細やかながらも至極真っ当な生活を営んでいる。

あのホテルから逃げ出して、おおよそ五年後のことである。

「でも……」

辛かった出来事を細部まで明るい笑顔で話してくれていたその表情に、突如として影が差した。

彼が言うには、先日、謎の電話が携帯電話に掛かってきたという。

番号は非通知で、発信者は不明である。

妙に落ち着いた声は、一言こう言った。

「よ、ん」

その意味を訊ねてはみたものの、大越さんは妙に青白い顔をして、知らない、と言うのみであった。

ホテルで耳にした「さ、ん」と今回の「よ、ん」は、明らかに連番である。

そのことから、今までに「いち」と「に」があったと思われる。

思われるが、大越さんはそのことに関して一切口を閉ざしている。

恐らく彼は何かを知っているのであろうが、残念ながら聞き出すことはできなかった。

本当にどうしようもできないような諦めの境地なのであろうか、彼は盛んに溜め息を吐きながら俯いている。

二〇二〇年の年末には、それ以降不審な電話は来ていないことを確認している。

しかしながら、二〇二一年に入ってから、大越さんと一切連絡が取れていない。

現時点で、そのことだけが気掛かりである。

ようこそおいでくださいました

緒方さん夫妻は三連休を利用して、北関東の有名な温泉地へ旅行に出掛けた。

予約したホテルは最近建てられたものらしく、外観だけでなく設備もお洒落で、奥さんも大変喜んでいた。

だが、緒方さんからしてみれば、今ひとつ気分が乗らなかった。

「そりゃ有名な温泉地ですからね。もっと、こう。うーん、何と言うか……」

古き良き昭和の匂いを感じることができる、鄙《ひな》びた温泉旅館に宿泊したかった、という訳であった。

「まあ、それでホテルから出て歩いてみたんですが……」

せめて景色だけでもあの感じを味わいたいと考えて、辺りを散策することにした。

奥さんは嫌そうな表情を滲ませていたが、しぶしぶ彼と一緒に行くことになった。

表通りを少々歩いて、少し細い道に入ってしばらく行くと、目前に信じられない光景が広がったのである。

そこそこ大きな川に沿って現れたのは、見事な廃墟群であった。

随分と前に廃業したであろう酒屋やお土産屋、そしてかつてはこの温泉地の花形であったと思われる大型のホテルや旅館が、その使命を全うして朽ち果てていた。

その中でも、緒方さんの視線は廃旅館に釘付けになった。

駐車場には名も知らぬ雑草が生い茂り、廃棄された角張ったスタイルのセダンが面妖な色を為している。

入り口のガラス戸は悉《ことごと》く割られており、外壁は青々とした蔓草に占有されていた。

その上部からは「……嶋旅館」と達筆で彫られた木製の篆刻《てんこく》看板の痕跡を、蔓植物の合間から一部分だけ垣間見ることができた。

「ちょっと！　あなた、やめてよ！」

何かを察知したのか、奥さんが声を荒らげた。

だが、緒方さんの歩みは止まらなかった。

何かに引き寄せられるかのように、覚束《おぼつか》ない足取りで、ふらふらと入り口に向かっていった。

何者かに破られたのかどうかまでは不明であったが、この旅館の入り口は施錠されていなかった。

緒方さんは恐る恐る館内へと足を踏み入れると、目前に広がる光景に視線を巡らせた。

内部はここまでやるかとばかりに荒れ果てて、黴臭さが充満していた。

備品や帳簿はそこら中にぶちまけられ、罅《ひび》割れた壁には意味不明の落書きがされている。

天井の壁紙は剥がれ落ちてべろりと垂れており、一目見ただけではまるで誰かが縊《い》死し
ているようにしか見えなかった。

強烈な黴臭さの中に獣臭さが含まれているのは、何らかの野生動物が入り込んでいるか
らなのであろう。

「ここまで立派な建物でも、人がいなくなってしまうとこの有様か」

緒方さんは独りごちながら、妙に納得したような表情を見せると、館内から出ようと
した。

そのとき、彼の後を付いて入ってきた奥さんが、悍《おぞ》ましい悲鳴を喉から絞り出していた。

「……あ、あ、あ、あれっ！」

必死で何かを指差しながら、口をパクパクとさせている。

緒方さんは、彼女の人差し指の指し示す方向へ、慌てて視線を向けた。

「へっ？」

目に見える光景を信じることができず、意図せず半開きにした彼の口から、間抜けな声

が漏れてきた。

何故なら、いつの間にか目の前に人が座っていたからである。

カウンターらしきものの上にきちんと正座をした、檜皮《ひわだ》色の和服を身に纏った老婆であった。

皺《しわ》だらけの優しそうな顔をした、柔和な笑顔が特徴的な人に思えた。

まるで糸を思わせるしっかりと閉じられた唇が歪《いびつ》に動いたかと思うと、独特の嗄《しゃが》れ声でこう言った。

「ようこそおいでくださいました」

いやいやいやいやいや。そんなはずないだろ。

ここは廃墟で、こんなお婆さんが正座して迎えてくれる訳がない。

そもそも、さっきまでここには誰もいなかったはずではないか。

信じられないようなねっとりとした脂汗が、額からたらりたらりと滲み出てくる。

「……あ、あの。すみません。ここって営業されているんですか？」

考えもしなかった言葉が口からすらすらと出てきて、酷く驚いた。

しかし、目の前の老婆はそれに対しては何も答えず、先程と同じ言葉を発するのみである。

「ようこそおいでくださいました」

老婆は何処からどう見ても幽霊の類には見えなかった。

しかしながら、何処となく違和感を覚えてしまうのは一体どういった訳なのであろうか。

しかもこの老婆が現れたときからする、強烈な硫黄の匂い。

温泉地なので当たり前と言えば当たり前なのではあるが、ここいら一帯の温泉は一切硫黄の匂いはしないはずであった。

そんなことを考えているうち、ある考えが頭を過った。

ひょっとしたら、このお婆さんは認知症か何かで、病気のせいでこのような場所へと紛れ込んでしまったのではないだろうか、と。

だとしたら、するべきことは一つしかないのではないか。

緒方さんは、隣で震えている妻に向かって、警察に連絡するよう促した。

彼女はこくりと頷くと、携帯電話をハンドバッグから取り出して、番号を押して緒方さんへ手渡した。

数回のコールの後で、警察関係者の声が聞こえてきた。

緒方さんはやや早口になって、自分のいるらしきおおまかな場所と一部分しか分かっていない旅館の名前を告げた。

そして、病気のお婆さんが側にいることを、何とか説明したのである。

その瞬間、携帯電話から聞こえてくる警察関係者の声のトーンが明らかに変化した。

「ああっ、そういうことですか。そこは私有地で管理されていますので、すぐに退去してください」

「いや、退去するのは勿論ですけど。あの、このお婆さんは？」

「大丈夫ですから、早く退去してください」

「いや、大丈夫って言われても……」

「大丈夫ですから。どうです？　まだいますか、そのお婆さんは？」

緒方さんは少々苛つきながら視線を上げた。

「いや、いるに決まって……」

いなかった。

先程までに目の前で正座していたはずの老婆の姿が、何処にもないのである。

「……い、いなくなっちゃいました」

緒方さんは、そう言いながら何回も辺りを見回した。

しかし、例の老婆の姿はカウンターの上のみならず、見える範囲で何処にも見当たらない。

「ですよね。では速やかにお願いしますよ」

そう言って、通話は終わりを告げたのである。

まだまだ知らないことがあるのね、と奥さんは妙に納得していたが、緒方さんは半ば諦め掛けたような表情をしながらこう言った。

「……連れてきちゃったみたいなんですよ」

どうやらあの日以来、彼の自宅には例の老婆が出没するようになってしまった。

食事や風呂の後など、少々気が緩んだ辺りを見計らって、まるで不意打ちのように姿を現すという。

「別に害はないんですが……」

その老婆が発する言葉は、何一つ変わらないとのことであった。

「ようこそおいでくださいました」

バドカン

木内さんが小学校低学年の頃なので、おおよそ今から三十年前の話になる。

当時、クラス内の男子の間で、ある建物が話題になっていた。

「ちょうどね、教室の窓から見えたんですよ。何もない山の中腹に、ぽつりと建っていたんです」

そこは彼らの間で「バドカン」と呼ばれており、黄土色をした六角形の建物で、屋根が尖っていた。

教室の窓から建物の前方は見渡せたが、全体像はどうなっているのか皆目見当も付かなかった。

木内さんはその建物を見ても、ただ漠然とかなりの距離がある、としか感想が浮かばなかった。

ある日のこと、石崎というすばしっこい奴が、クラス内で自慢していた。

「オレ、行ってきたよ。バドカン！」

俄《にわか》には信じられなかったが、興味がないと言えば嘘になる。

木内さんは無関心を装いながら、彼の話す言葉に聞き耳を立てていた。

石崎は自分の机の上に座って、大声で捲し立てている。

「すっげえよ、バドカンは！　中に入ると色んな店が入っていて、お菓子も売ってたんだ！」

木内さんは我慢ができなくなってしまい、石崎の後ろから彼の肩を軽く叩いた。

「それ、本当なの？　あの中でお菓子なんか売っているの？」

普段話したことがない木内さんに唐突に話し掛けられて、石崎は少々面食らった模様であった。

しかしすぐに我に返ると、意気揚々と話し始めた。

「見たこともないお菓子だったんだ。旨かったなァ」

木内さんは想像力を掻き立てられた。

あんな山の中の遠い建物の中に、色んな店が入っているんだ。

凄い。凄いなあ。一体、お菓子屋以外にはどんな店があるんだろうか。

そう考えると、居ても立ってもいられなくなってしまった。

よし。今度一人で行ってみよう。

木内さんはそう決意して、頭の中でスケジュールを組み始めた。

暑い夏がすぐそこまで近づいてきているのにも拘わらず、まだまだ朝夕は寒い位の気候であった。

母親には釣りに出掛けると了解を得て、彼は早起きをして自転車に跨《また》がった。

時刻は朝の四時半。陽は出たばかりで、まだまだ辺りは薄暗かった。

事前に地図で調べた限りでは、自転車でおおよそ一時間程度は掛かる算段であった。

しかし、あのバドカンと呼ばれる建物自体が地図には載っておらず、大人に聞いても誰も知らなかったため、あくまでも大雑把な予測に過ぎなかった。

彼は昂《たか》ぶりを抑えながらペダルを漕ぎ続けた。

身体は次第に汗ばんでいったが、ひんやりとした空気が非常に心地よかった。

自宅を出発して一時間以上は経過しただろうか。

中腹に建物があると木内さんが予想していた山の麓に、漸く辿り着いた。

案の定、自転車で行けるのはここまでであった。

あとは自分の足で、山登りをしなければならない。

中腹に向かって設置されたであろう崩れ掛けた石段が、雑草に囲まれて垣間見えている。

木内さんは妙に歩幅の狭い石段を、気持ち早めに登っていった。

登り始めて三十分以上経過した。

途中から石段自体が消えてなくなってしまい、微妙な獣道を足下に気を付けながら登ったのである。

そして、とうとう目的地へと到着することができた。

目の前には、教室の窓からしか見たことがなかったあのバドカンが聳《そび》え立っている。

高さは三メートルほどで、小さな一軒家程度の大きさであろうか。

相も変わらず黄土色の外壁で、屋根の部分がやけに尖っていた。

教室の窓からあんなに大きく見える建物にしては、実物がやけに小さいのは気のせいなのであろうか。

だが、今はそんなことはどうでもいい。

とにかく、どんな店が入っているのか確認しなければ。

そう思って中に入ろうと試みたが、入り口が何処にあるのかさっぱり分からない。

普通の店ならば誰でもすぐに分かる入り口が、この建物では不明であった。

どうしよう。

建物の前で困惑していると、いつの間にか周囲は人で溢れていた。

だが、何処かおかしい。

人々は皆、無言で俯いている。

しかも、皆一様に全身が真っ黒に染まっていた。

だが、全員真っ裸ではなく服を着ていることは、その形から判断できた。

それにも拘わらず、全身を黒のペンキで塗り潰したかのように、真っ黒であった。

例えるなら、影が実体を持って歩いているような感じである。

しかも、こんなにたくさんの人々が周りにいるのにも拘わらず、足音や呼吸する音が一切聞こえてこない。

そして彼らは、バドカンに吸い込まれるようにすうっと消えてしまうのだ。

もしかして、ここってヤバイところなのかもしれない。

うようよしている影に気付かれないよう細心の注意を払いつつ、木内さんは忍び足で建物から離れていった。

そしてある程度離れた所まで来ると、全速力で山を下っていった。

自宅に戻った木内さんは、すぐに二階の自室へと逃げ込んだ。

そして深呼吸を数回経た後、恐る恐る窓から外を見下ろした。

その瞬間、息が詰まりそうになった。

やっぱり、いた。さっきの黒い人が数人、彼の家の前で佇《たたず》んでいるのだ。

帰宅途中で何度か感じていた何者かの視線は、気のせいではなかったのだ。

どうしよう。どうしたらいなくなるのかな。

考えても、答えは出てこない。

木内さんはすぐに布団に潜り込んでしまった。

何とか仮病を使って学校を休もうと試みたものの、流石《さすが》に母親の目は誤魔化せなかった。

仕方なくびくびくしながら学校へと向かったが、幸いなことに黒い人は何処にもいなかった。

しかし、帰宅して自室の窓から外を覗くと、やっぱり彼らはそこに佇んでいるのである。

頼むからいなくなってくれ。

そう願いながら、木内さんは一日一日を過ごしていた。

ある日のこと。

教室に入ると、またしても石崎がクラス中に自慢していた。

「やっぱし凄いな、バドカンは！　また行ってきちゃったよ！」

その言葉にカチンと来たのか、木内さんは石崎の頭を軽く小突きながら言った。

「嘘ばっか吐いてんじゃねえよ！　この、嘘吐き！」

その言葉を皮切りに、二人はその場で取っ組み合いの喧嘩を始めた。

クラスのガキ大将的存在の山田にすぐに仲裁されたが、木内さんは怒りが収まらなかった。

「オレ、酷い目に遭ったのに。こいつのせいでバドカンに行って、酷い目に遭ったのに！」

彼はクラス中の皆に向かって、泣きながらそう言った。


「そんなことがあったら、当然確認しようとしますよね」

その週の日曜日。

物好きの同級生達が数人集まって、バドカンへ向かうことになった。

勿論その中には木内さんだけではなく、山田と石崎も含まれていた。

しかし、今回の目的はバドカンに入っている店の有無を確かめることではなかった。

何故ならあの日、木内さんが泣きながら発言した日に、石崎は皆の前で頭を下げて謝っていたのである。

全て自分の嘘でした。あの建物には行ったことがありませんし、店の話も全部嘘でした、と。

更にはバドカンという名前も適当に付けただけで、本当の名前は知らない、と。

それにも拘わらず皆がバドカンへ向かおうとしているのは、木内さんを救うためであった。

彼の言う黒い人、そいつから何とかして解放してやりたい。

山田の発案で、賛同した同級生達が今回集まってくれたのだ。

「よし！　行こう！」

山田の合図で、全員は一斉にペダルを漕ぎ始めた。


「結論から言えば、黒い人はいなくなりました」

木内さんは、何度も頷きながらそう言った。

「ただし、バドカン自体が何処にも見当たらなかったんです」

木内さんが現実に目撃した場所だったので、間違えるはずがなかった。

それにも拘わらず、あの建物は何処にも見当たらなかったのである。

「その代わりと言っては何ですが……」

バドカンがあった辺りには雑草が生い茂っており、その中に妙な石碑があるのを山田が発見した。

それは、書いてある文字から正体が判明した。

「馬……頭……観……音……」

文字通り、とうの昔に打ち捨てられた馬頭観音の成れの果てであった。

それ以来、黒い人を木内さんが目撃することはなくなった。

もしかしてバドカンと名付けた石崎は、その石碑の存在を知っていたのかもしれない。

だが、彼は全力でそれを否定した。

何となく頭の中に浮かんできた「バドカン」という名前を使っただけで、あとは何も知らない、と。

確かに、近所の誰に訊いても、あの場所に馬頭観音の石碑があることを知っているものはなかった。

木内さんの在学中、教室から時折バドカンの姿を見ることができた。

しかし、あれから三十年以上が経過し、彼が学んだ小学校の校舎も今はもうない。

「今でもバドカンが見える場所が、あの近くにあるかもしれませんね」

そう言いながら、彼は過ぎ去った自分の幼少時代に思いを馳せた。

カセットテープ

久しぶりの連休初日、近衛さんは早朝から張り切っていた。

毎日の激務で疲れ果てており、アパートの自室は足の踏み場もないような状態であった。

見慣れていたとはいえ、荒れ果てた部屋の状況をぐるりと見渡すと、深い溜め息を吐いた。

さて、この酷い部屋の一体何処から手を付ければいいのだろうか。

床には雑誌や衣類、ゴミ等が散乱している。

押し入れも同様で、要るか要らないか不明な衣類が大量に収納されていた。

彼女は散々悩んだ挙げ句、床から綺麗にすることにした。

やはり、徹底的に掃除をするためには足下の確保が重要だと考えたからである。

手始めに手当たり次第に見つけた不要な物をゴミ袋に入れていると、不審な物が視界に入ってきた。

それは、古雑誌の間に挟まれた、見たことも聞いたこともない旅館名が印刷されている薄汚い手拭いである。

彼女は掃除を中断して、その不審な手拭いを恐る恐る手に取った。

非常に軽かったが、中に何か硬い物が入っているようであった。

慎重な手つきで手拭いを開くと、中には黒いカセットテープが入っていた。

インデックスラベル部分には４６という数字とＦｅ‐Ｃｒの文字が漸く見えるだけで、他の文字は刮《そ》ぎ落とされたかのように判別不能であった。

彼女は床に腰を下ろすと、すぐさま疑問に思った。

まず第一に、手拭いに印刷されている住所は北海道であったが、彼女はその地に足を運んだことがない。

勿論自分の知らない間に両親が行ったことがあるのかもしれないが、だとしたら尚更ここにあるのはおかしい。

何故なら、もう二十年以上も前から、両親とは絶縁状態だったからである。

そして第二に、このカセットテープを自室に持ち込んだのは一体誰なのか。

訳が分からない。

だが、このカセットテープに録音されている内容が気になって仕方がない。

でも、カセットテープを聴ける機器は……。

と思ったところで、さっきポータブルカセットプレイヤーをゴミ袋に入れたばかりであったことを思い出した。

〈大分古いけど、何とか動かないかな〉

最初はプレイヤーの挙動がおかしかったが、次第に熟《こな》れてきたのか、順調にテープを送り始めた。

喧《やかま》しい雑音の後で、スピーカーから人の声が流れ出した。

「あっ！」

思わず声を出してしまうほど驚いた。

テープから流れる声は、聞き慣れない声であったが、はっきりとその正体が分かった。

紛うことなき、自分の声である。

〈一体、何を吹き込んだのであろうか〉

スピーカーから流れるその内容は、何と怪談であった。

しかも、カセットテープから幽霊の声が聞こえてきたとか、そんな類の話である。

声の様子から小学生位ではないかと思われたが、一切不明である。

何故なら、怖い話に興味を持ったことは一度もなかったし、更に自分の声が余り好きではなかったので、テープに録音するなど考えられないことであった。

当然、記憶も一切ない。

少しばかり背筋が寒くなってきた辺りで、怪談は終了した。

代わって、今度は意味不明な声が突然聞こえてきた。

「五……八……七……四……三……」

実際の数字とは異なっているかもしれないが、聞いたこともない中年女性の声が数字の羅列を語り始めたのだ。

やがてカセットプレイヤーは役目を終えたらしく自然に停止すると、以後はウンともスンとも言わなくなってしまった。

気になった私は、当然の如くそのテープを聴かせていただけないかとお願いした。

しかし、残念なことに、カセットテープはいつの間にか紛失してしまったという。

＊

大学生の駒倉さんは、入学当初は親戚の家に居候させてもらっていた。

だが、色々と不都合が生じてきたのを切っ掛けに、大学から徒歩数分のアパートへ引っ越した。

新居で引っ越しの荷物を開けていると、マジックで「重要」と書かれた段ボールに、見慣れぬものがあることに気が付いた。

それは、何処かの知らないガス会社の名前が印刷された白いタオルに、厳重に包まれていた。

プラスチックケースに収納された、カセットテープである。

本体も透明で磁気テープが丸見えの洒落たデザインであったが、インデックスも何も付属していない。

彼の年代だとカセットテープを知らない人も多かったが、生憎《あいにく》彼の場合は、両親の影響でよく使用していた。

手持ちの機器でカセットテープを再生できる環境にもあった。

少々薄気味悪かったが、これを聴いてみない手はない。

一体、どんな音楽が録音されているのだろうか。

しかし、流れてきた内容は音楽などではなく、幽霊の声がどうしたとかいう、面白くも何ともない怪談であった。

しかも、語り部は何故か自分である。

久しぶりに聞く自分の声は、余り気持ちのいいものではない。

いつ頃の声だろうか。恐らく中学生の頃のように思えた。

こんなことをした記憶は一切ないが、このようなものが存在しているということは実際に行った証拠なのであろう。

彼は次第に飽きてきて、再生を停めようとした、そのとき。

「九……九……一……四……七……」

知らない女の声がいきなり聞こえ出して、意味不明な数字を再生し始めた。

そしてしばらくの間、数字の羅列を発声したかと思うと、突然停止した。

磁気テープが絡まった訳ではないし、デッキにも不具合が発生していなかったので、とても奇妙な挙動であった。

「一度聞いてみたいんですけど……」

とお願いしてはみたものの、やはり想定内の返事を得ることしかできなかった。

「すみません。いつの間にかなくなったんですよ、あのテープ。なくさないように保管していたんですが……」

＊

以上、採話した年代並びに場所も異なる奇妙な話である。

それ以降もこの話に類似した経験をされた方が複数存在していることも確認している。

皆様の中で、このような体験をされた方がいらっしゃったら、是非とも話をお伺いしたい。

警告音

深夜の高速道路。

樋口さんは、友人の小暮に頼み込んで、彼の愛車を運転させてもらっていた。

日中は酷く混みあう道であったが、真夜中ともなると交通量もめっきりと少なくなっており、ほぼ貸し切りの状態であった。

助手席では小暮が、旨そうに煙草を吹かしている。

「やっぱり良いね、スープラは。加速と安定性がダントツに違うよ」

隣からは、〈そうだろ、そうなんだよ〉という話し声が聞こえてくる。

「なあ、また今度も貸してくれよ。彼女と海に行きたいんだ」

小暮はまたしても、うんうんと頷いた。

樋口さんは自分の車を持っていなかったので、次のデートのときにもこのスポーツカーを是非とも借りたかったのだ。

「サンキュー！　ありがとう！」

お礼を言いながら、次の急激なカーブに備えてステアリングを握り直す。

高価そうなスピーカーからは、よくは知らないが女性シンガーがロマンスがどうたらと熱唱している。

いい奴なんだけど音楽の趣味だけはさっぱり分からないな、と樋口さんは思いながら、急カーブを抜けてきつめに加速したそのときであった。

……キンコン～キンコン～キンコン～キンコン～。

突然、聞き慣れないチャイムのような音が車内に鳴り響いた。

と同時に、甲高い女の歌声はいつの間にか聞こえなくなっていた。

……キンコン～キンコン～キンコン～キンコン～。

続けざまに、何かが激しく衝突する音が車内に響き渡り、同じタイミングで聞こえてきた若い女性の悲鳴と思われる音と、一気に混じりあった。

「わっ！　何だ！　何だ！」

樋口さんは危険を承知で、ブレーキを小刻みに踏みながら慌てて減速しつつ、路肩に停車した。

即座にハザードランプを点灯させてバックミラーを覗き込むが、後続車が来る気配はなさそうであった。

ほっと一安心しながら、助手席の友人に視線を向けると、異様に真っ青な顔色で真正面を見つめている。

「コグ？　どうした？　大丈夫か？」

慌てて助手席に声を掛けるが、友人の耳には一切入っていないようであった。

「……さっきの音って……さっきの音って」

「ああ、キンコンって奴のことか。　ああいう曲じゃないのか？　そんなことよりも、女の悲鳴みたいなのが聞こえたろ？」

「……さっきの音って……さっきの音って、ひょっとして昔の車に付いていたアレじゃないのか」

信じられないような表情をした小暮が、ぼそりと呟いた。

「えっ？　ああ、そうか。確かにあんな感じの音だったよな。スピードが一〇〇キロ超えると鳴るんだっけか」

一昔前の車では、速度警告音装置が義務化されており、普通自動車では時速一〇五キロを超えると、警告音が鳴ったものである。

危ない危ない。余りにも快適すぎて、少々スピードを出し過ぎたのかもしれない。

「悪ぃ、悪ぃ。次からは安全運転で行くからさ。それよりも、さっきの悲鳴……」

警告音なんかよりも悲鳴のほうが問題ではないのか、と思ってそう言ったが、小暮の考えは違っていた。

「……付いてないんだよ」

「えっ？　何が？」

「……だから、付いていないんだよ、この車に。今時そんなオプションなんてないし、あっても付けないだろ、フツウ」

何故か、一気に車内の温度が低くなったように思われた。

七月だというのに、吐く息すら薄らと白くなっている。

そのとき、カーステレオがいきなり鳴り始めた。

と思った途端、間奏らしきメロディが突然聞こえなくなり、けたたましい救急車のサイレンが聞こえてきた。

サイレンは後方から聞こえてきて徐々に近づいてきたかと思うと、どういった訳か通り過ぎることなく、自分達のすぐ脇に留まって凄まじい音を奏でている。

「なあ、コグ。何処にもいないよな？」

助手席に視線を遣りながらそう言うと、小暮はこくりと頷いた。

「ああ、何もないのに。何でサイレンだけは聞こえてくるんだ？」

前方にも、後方にも、勿論脇にも、車の姿は一切見えない。

これは、もしかしたら。

車内の温度低下もあってか、全身がガタガタと震え始めた。

早く、この場から逃げなければ。

ギアを入れ直して立ち去ろうとしたとき、車内に異様な揺れを感じた。

まるで大型の地震でも発生したかのような横揺れがしばらくの間続くと、唐突に止まった。

と同時に、この世のものとは思われないような凄まじい悲鳴が車内に響き渡った。

そして、やがてそれは悍ましさすら感じさせる、唸り声へと変貌を遂げていた。

もしかしたら。

もしかしたら、想像を絶する痛みに襲われた場合、人間はこのような唸り声を発するのかもしれない。

そんな考えが頭を過った瞬間、唐突に唸り声が止んだかと思うと、少し嗄れた女性の声が耳に入ってきた。

「……イタイよぉ。イタイよぉ」

そのとき、助手席から怒号が発せられた。

「早く、出せっっっっっ！　早く、出せっっっっっ！」

それが合図となって、樋口さんはアクセルを強引に踏み込んで走行車線へと戻ったのである。

それ以降は二人とも終始無言のまま、次の出口で降りると、下道を通って家路に就いた。

後日、小暮は愛車のスープラを中古車屋に売り飛ばした。

理由は一切教えてもらえなかったが、何となく想像が付く、と樋口さんは語った。

おおよそ二十年程前、樋口さんが学生だった頃の話である。

菜食主義

大塚さんの友人に、倉田という男がいた。

身長は一九〇センチ、体重は一二〇キロという巨漢で、中高生のときは相撲部屋から幾度となく誘われるほどであった。

当然食事の量も半端ではなく、一緒に外食に行ったときなどは見ていて気持ちが悪くなる程喰いまくっていた。

とりわけ好物は肉類で、金回りが良いときはよく一緒に行って奢《おご》ってもらっていた。

しかし、そのような肉食主義であった倉田であったが、ある日を境に突然豹変してしまったのだ。

あんなに肉食を愛していた男が、一切口にしなくなったのである。

いつものようにファミレスで食卓を囲んでも、肉類には一切箸を付けず、何処となくそわそわとして落ち着きがない様子であった。

「どうしたの、お前？　ひょっとしてドクターストップか何かなの？」

戯《おど》けながら話し掛けるが、倉田は神妙な表情で、首を横に振るばかり。

そして何故か周囲を憚《はばか》るような視線を幾度となくくれてから、至極真面目な顔をして言った。

「オレ、野菜の重要性に気が付いちゃったんだ。これからは、野菜しか食わないと思っている」

大塚さんは倉田の皿に視線を落とした。

肉類を食わないどころか、野菜類も大分残している。

「野菜って、お前。全然食ってないじゃん」

そう指摘すると、倉田は皿の上にある人参のグラッセをひょいと摘まんで口に入れると、思いっきりまずそうな表情を見せた。

「こんなのは野菜じゃない。野菜はな、もっと荒々しくて攻撃的な味がするもんだ」

倉田の御高説によると、スーパーや八百屋で簡単に手に入るようなものは本物の野菜ではないとのことである。

比較的荒れ果てた湿った土地に生えているもの。特に墓地の周辺に生えている草花、とりわけ雑草の類が最高とのことであった。

「あと、な。やっちゃいけないことが一つだけあるんだ。それは……」

アク抜きだけは絶対にしてはいけない、と倉田は力説した。

アクにこそ野菜本来の旨みが凝縮されており、それを抜いてしまっては本末転倒である、と。

「ああ、想像しただけで食いたくなっちゃった。すまないがオレ、失礼してもいいかな」

そう言うなり、倉田は会計もせずにそそくさと店から出ていってしまった。


最近の食生活が影響しているのか、倉田の体重は見る見るうちに減っていった。

恐らく所持していた衣類を全て替えなければならないほどの、所謂激痩せである。

しかし、それとともに彼の温和な性格は影を潜めていき、非常に攻撃的な性格へと変貌を遂げてしまった。

些細なことに激昂して手を上げるような人間になってしまい、友人達も彼の元から、一人また一人と離れていく。

だが、大塚さんは倉田を擁護し続けた。

子供の頃からの友人でもあり、彼本来の優しい性格を知っていたからである。


しかし、ある晩。

閉店間際まで倉田とパチンコを愉しんだ後、一緒に歩いて帰宅する途上のことだ。

歩道を並んで歩いていたが、大塚さんは緩んだ靴紐に気が付いた。

すぐにしゃがみ込んで靴紐を結び直し、視線を前方に向けた。

すると、大分狭くなってしまった倉田の背中が目に入ってきた。

と同時に、大塚さんの呼吸が荒々しくなり、心臓の鼓動が一気に暴れ始めた。

背筋には冷たいものが大量に流れ始め、ねっとりとした脂汗が目深に被っていたキャップ内に溢れようとしていた。

倉田の背中に、真っ黒な影のようなものがぴったりとしがみついていたのである。

大きさと形は人間の赤ん坊そっくりで、奴の背中に両手両足を密着させている。

倉田の歩様で時折バランスを崩すのか、微妙にずれながらも即座に姿勢を修正しては、ひっしとくっついていた。

「……なあ、倉田。おまえ……おまえ、背中大丈夫か?」

一瞬で芽生えた恐怖心からか身体が言うことを聞かないが、友人に警告することだけはできた。

その瞬間、倉田の歩みが止まって、身体が大きく震えた。

と思った途端、倉田の背中にしがみつく赤ん坊のようなものの背中に、大きな眼が一つ現れた。

その大きな眼がぎろりと大塚さんを睨め付けると、それは赤ん坊の身体ごと倉田の身体の中へと、一気に吸い込まれてしまったのだ。

「……っひ。い、いやァァァァァァァァッ！」

まるで我に返ったかのようにいきなり大声で叫ぶと、そのまま暗闇の中、倉田は何処かへ走り去ってしまった。

残念ながら倉田とはその後一切連絡が取れなくなってしまって、今現在何処で何をしているのか皆目見当も付かない。

岡安さんが学生の頃であるから、今から三十年近く前のことになる。

それなりの夢や希望を持って大学へ進学したまでは良かった。

だが、それを切っ掛けに独り暮らしを始めてしまったことが、不幸の始まりだったのかもしれない。

口煩い両親の目が届かないのをいいことに、彼はあることに夢中になってしまい、次第に授業をサボるようになっていった。

そう、麻雀である。

初めの頃は同級生同士で遊んでいたが、いつしか大学の先輩やその友人知人とまで打つようになっていった。

そしてその頃には、面子《めんつ》が集まらないと見るなり、夜な夜な街へ繰り出して、フリー雀荘で知らない人達と雀卓を囲んでいた。

そこで仲良くなった連中のみならず、面識すらないその友人達まで含めて、彼の部屋に入り浸るようになっていった。

その中に、堀田と名乗る人物がいた。

歳は二十代後半だと思われるが、確証はない。

話してみるとそれくらいの年齢に違いないと思う節があったが、何せ坊主頭で前歯が何本も抜けている、といった風貌である。

四十過ぎと言われても、何の不思議もなかった。

堀田と話してみるとすぐに分かるが、知性というものを一切感じることができない。

そのくせ、やたら麻雀だけは強かった。

その打ち筋は、統計や数理といった類のものは一切なく、運や勢い等が大半を占めているようにしか思えない。

言葉は悪いが余り頭の良さそうな人物には到底見えないのであるが、まるで相手の手牌が透けて見えているかのようであった。

とにかく、堀田は負けないのである。

奴とは打ちたくない、と断る者まで続出する始末。

だが、彼が負けないのは岡安さんの自宅で麻雀をする場合のみである。

不思議なことに、奴がフリー雀荘で勝っている姿を一度も見たことがない。

自宅でやる場合は勿論牌を手で積むので、もしかしたら積み込み等のイカサマをしているのかもしれない。

しかし、他の面子で事前に話し合って、堀田の手の動きを凝視してみたが、挙動不審な動きは一切見られなかった。

どうしてだろうか。理由が知りたかったら、本人に訊いてみるほかない。

「堀田さん。何でウチじゃ負けないんですかね？　フリーじゃカモなのに」

年長者に対して失礼な訊き方であったが、訊かれた本人はまるで気にしていないようであった。

「ん？　ここの家の牌って、ガン牌じゃん。全部覚えちゃったよ、オレ」

などと、あっけらかんと言い放った。

ちなみにガン牌とは、牌に付けた傷や汚れで、伏せた状態のまま何の牌かを判別することである。

他の面子が一斉に岡安さんに視線を向けたが、彼は急いで否定した。

「ばかばかしい。そんなこと、絶対にないですって！」

この麻雀牌は確かに近所の質屋で千円程度で入手した代物であったが、それだけは絶対にない。

超が付くほど几帳面な彼は、道具をとても大事にしており、暇を見つけては牌を一個一個磨いていたからである。

ほぼ毎日のように目にしている牌である。何かしらの傷や目印があったら、真っ先に気が付く自信があった。

今回改めて牌を悉に確認してみるが、案の定何処にも異常は見当たらない。

にも拘わらず、堀田は岡安さんの手牌をじろじろ見ながら言った。

「その二索《リャンソー》は口紅みたいの付いてるじゃん。誰だって分かっちゃうよ」

ある日、岡安さんはフリー雀荘で信じられないような話を聞いた。

昨日深夜、堀田が何者かに襲撃され近くの病院に担ぎ込まれたが、未だに意識不明の重体とのことであった。

つい先日奴に完膚なきまでに叩きのめされたばかりであったので、意外な話であった。

どうやら犯人は複数いるとの噂であったが、何処まで本当なのかは分からない。

しかし、入院している病院も知らないし、そもそもあいつの名字が本当に堀田なのかも確信がない。

「アイツ、やりすぎちゃったみたいだよな、勝ちすぎちゃったみたい」

卓を囲んでいる名前も知らない奴が言ったが、何を言っているのかさっぱり分からなかった。

堀田が負け知らずなのは、オレの家で卓を囲んだときのみのはずである。

フリー雀荘でのアイツの弱さは、誰でも知っている。

ただ、もしかしたら何処か他の場所で、ヤバい連中相手に勝ちすぎた可能性は捨て切れなかった。

「ふーん。そうなんだ」

しかしながら岡安さんは特に興味があった訳ではなかったので、すぐに切り替えて麻雀に集中し始めた。


それから数日後、堀田がそのまま息を引き取ったとの話を風の噂で聞いた。

遂に最後まで本名すら知ることがなかったな、と岡安さんは何げなく思った。


それからしばらく経って、堀田の存在など誰もが忘れてしまっていた、ある夜のこと。

その日も四人集まって、岡安さんの家で卓を囲んでいた。

その中に、辰夫と名乗る人物がいた。

一カ月前くらいから顔を見せるようになった人物で、やけに物静かで温和な性格をしていた。

理詰めの打ち方を得意としており、なかなかの打ち手で、結構気が合う奴でもあった。

だが、今日の辰夫は明らかにおかしかった。

いつもは黙々と静かに打牌していたのだが、今日はやたらと奇声を発しながら牌を捨てている。

確かに煩い打ち手は五万といるが、辰夫はこのようなタイプではない。

しかもいつもの理知的な打ち方は形を潜め、明らかに運と勢いだけで打ち続けている。

辰夫の異常な振る舞いにイライラしながらも、極力冷静になろうと試みながら牌を打っていると、突然岡安さんの手が止まった。

自分の見ている光景が信じられずに、何度も何度も目を瞬《しばた》いた。

突然全ての牌に、印のようなものが見えたのである。

ある牌には青い○、そしてある牌には赤い線、といった具合に全ての牌の裏側に何らかの印が小さく書いてあるのだ。

そしてどうした訳か、その印を見ただけで、それがどのような牌か分かってしまうのだ。

どうして、何の変哲もない普通の牌が突如ガン牌になってしまうのか。

あれこれ考えを巡らせてみるが、埒が明かない。

自分の見えている光景に、頭が付いていかない。

最初は躊躇しながら不審げに打っていたが、段々とその現象に慣れが生じてきたのであろう。

やがてその有利性を利用するようになっていき、岡安さんは無敵状態になっていた。

そのとき、である。

「あっ！　あっ！　あっ！　あっ！　あっ！　あっ！　あっ！　あっ！」

いきなり辰夫が岡安さんを指差しながら、口角泡を飛ばしながら立ち上がった。

その拍子に奴の身体が卓にぶつかって、麻雀牌の山が滅茶苦茶に崩れた。

「おいっ！　何すんだ、お……お……お……」

勝負を滅茶苦茶にされたので、岡安さんは怒りに任せて辰夫を怒鳴りつけようとした。

だが、目の当たりにした光景が異様すぎて、二の句が継げなくなった。

そこには、奴がいたのだ。

死んだはずの堀田が、辰夫の身体に重なるように佇んでいる。

その顔面はこっぴどく殴られたかのように、所々酷く腫れ上がっていた。

そして薄らと開かれた薄い唇の、歯抜けの隙間から赤黒い口腔内が垣間見えており、時折空気が抜けるような間の抜けた音が聞こえてくる。

顔面の腫れとは対照的に、真っ赤に着色したような眼球は深く落ち窪んでおり、粘液のようなものが頻繁に垂れ落ちてくる。

「オレがオレオレがオレがオレがオレがオレオレがオレがオレが！」

あっけに取られている三人を尻目に、辰夫はまるで早口言葉のように素早く口走る。

そして一呼吸入れた後、喉の奥底から絞り出した。

「……オレが悪かった」

そして辰夫は悲鳴を上げながら、自分に重なっている堀田を伴いながら、アパートから裸足で走り去っていった。

「……おいっ！　待てよっ！」

先程までの恐怖心は何処かへ消え去ったのか、何かに魅入られたかのように、三人は急いで辰夫の後を追い掛けていった。

もう少しで追い付くかと思われたそのとき、辰夫は遮断機の下りた線路の中に走り込んだ。

警笛が鳴る中、線路上で辰夫の動きが止まって、いきなり両手を挙げた。

ちょうどそのとき、今まで聞いたことがないような金切り音を発しながら踏切に進入してきた電車が、物凄い速度で辰夫の身体を掻っ攫っていった。

誰が出したのかは分からないが、啜《すす》り泣くような嗚咽が周囲から聞こえてきた辺りで、岡安さんは足腰の力をなくして、その場でへたり込んだ。

「その後は、もう。思い出したくもないんですが……」

やってきた警官に根掘り葉掘り事情聴取されて、解放されたのは陽の光が出る頃であった。

「ホントに不思議なんですけど」

自宅に戻って麻雀牌の後片付けをしていると、とんでもないことに気が付いた。

確かに存在していたはずの目印なぞ、牌の何処にもなかったのである。

その後すぐに、岡安さんは麻雀から足を洗った。

卓を囲んでいると、何処からともなく堀田と辰夫の声が聞こえてきて、全く集中できなくなったからである。

「まあ、そのおかげで大学だけはどうにか卒業できましたからね」

クロキュラー

春江さんは十歳の頃に、物凄く不思議な体験をした。

その日、彼女は自宅から電車で二十分ほど行ったところにある少し大きな町で、母親と買い物をしていた。

母親と買い物というよりは、お供で付き合わされただけである。

御褒美は、デパート備え付け大食堂のパフェとリカちゃん人形の洋服。

これだけで催事場で行われた衣類のバーゲンセールに連れていかれ、殺気だった主婦達にもみくちゃにされてしまった。

春江さんは疲労困憊《こんぱい》し、機嫌も酷く悪くなったが、彼女なりに感情を内に秘めながら母親の買い物に付き合い続けた。

しかし、約束したはずのリカちゃん人形の洋服を、母親は買ってくれなかった。

恐らくバーゲンセールで散財しすぎたのだろう。

「また今度買ってあげるからね」

毎回聞かされるその言葉で、納得するはずもない。

デパートからの帰り道、かなり不貞腐《ふてくさ》れた表情を露骨に出しながら、母親の後をわざとノロノロと付いて歩いた。

母親から切符を渡されて、駅の改札を通る。

「……あの頃は、改札の中に駅員さんがいたのよね。ハサミっていうか、穴開けパンチみたいなものをカチカチ鳴らしながら切符に切れ込みを入れるのよ。今の若い人は知らないかもしれないけど」

春江さんは幼少の記憶を辿り、時折厳しい表情を滲ませながら言った。

「……そのとき、切符を差し出してもね、駅員さんは返してくれないのよ。そんで私の顔をじっと見つめてね、『ち、ち、ちーっ』って言ったのよ」

その駅員の若い男は酷く痩せていて、顔色もすこぶる悪かった。

勿論、春江さんにしてみれば、最初からその駅員の顔を見ていた訳ではない。

意味不明な声を掛けられて初めて、顔を上げて視線を遣ったのだが、駅員は切符を受け取ったまま穴も開けずに、じっと彼女の顔を見ていたのだ。

そして、再度「ちーっ」と抑揚のない声を発すると、決して二枚目とは言えない顔面を奇妙に歪めながら、ガバッと大口を開けた。

血色の悪い顔からすると驚くほど真っ赤な口内で、余りにも真っ黒な舌の色に酷く驚いた。

「……昔ね、アイスでクロキュラーって奴があったじゃない。あれとそっくりだったのよ、口の中が」

クロキュラーとは昭和後期に発売されていたアイスキャンディーで、真っ黒な氷菓の中に真っ赤なソースが入っているものである。

食べると舌が真っ黒く着色されるので、春江さんは母親から食べることを禁止されていた。

ちなみに姉妹品でアカキュラーというものもあり、こちらは食べると舌が真っ赤に着色されたものである。

その駅員の行為を見るなり、彼女は急に怖くなってしまった。

そして切符を引っ手繰るようにして取り戻すと、何も知らないで先に行ってしまった母親の後を追っ掛けた。

無事母親に追い付いて安心すると、先程の出来事を考える余裕が生まれてきた。

〈今の、一体何だったんだろう〉

たった今自分の身に起きたことを考えると、恐怖で足が竦《すく》みそうになってしまう。

一方では、こうも考えていた。

もしかしたら、こういったことは大人の世界では、ごく普通のことなのかもしれない、と。

まだ十歳になったばかりの彼女には、分からないことがたくさんある。

特に今日のはいつもの生活圏内の話ではない。

少しばかり遠出している訳であるから、自分には異様に感じられることでも、大人の世界では十分な理由があって、そういう発言をするのかもしれない。

例えば、自分の顔に知らない間に血が付いていたとか。

彼女はハンドバッグから慌てて手鏡を取り出して、自分の顔を映してみた。

しかし、何処にも血液らしきものは付いていない。

「どうしたの？　何かあったの？」

何かを感じ取ったのか、母親はすかさず春江さんに声を掛けた。

だが、彼女は今起きたことを母親には言わなかった。

勿論友達にも教えなかったし、自分の胸の内に秘めることにした。

自分の中でも意味不明かつ分類不能な体験だったので、説明が難しかったからかもしれない。

そうして、二、三日もするとこの出来事自体をすっかり忘れてしまった。

しばらく経った頃、春江さんはまたしても例の駅員の姿を見た。

時刻は黄昏時。

家の近くにある公園からの帰り道、である。

一人で歩いていると、少し先にある電信柱の陰に隠れて、見覚えのある制服を着た男がこちらをじっと見つめていた。

彼女は立ち止まって、一体誰だろう、と視線を向けた。

その途端、駅員はゆっくりと大口を開けた。

「あ、クロキュラーだっ！」

彼女はそう叫びながら踵《きびす》を返すと、恐ろしくなって全速力で逃げ出した。

頃合いを見計らって後ろを振り向くと、未だに男はこちらを見ているが、どうやら追い掛けては来ないようであった。

大分遠回りをしたが、無事自宅へと駆け込むことができた。

それから、似たような出来事が何度か起こった。

どういった理由か、一人でいるときに限ってあの男と出会《でくわ》す。

夕暮れの帰り道、友達の家に向かう途中。

駄菓子屋に向かう道、早朝のラジオ体操の会場へと向かう路地。

例の男は、必ずと言って良いほど、少し離れた所からじっと春江さんを見ている。

そして、彼女が気付いた途端、大きな口をガバッと開けて、口腔中を彼女に見せるのだ。

今の時代であれば、完全に事案扱いである。

それでも彼女は、誰にも相談しなかった。

「だって……当時はストーカーって言葉もなかったし。第一、子供がさらわれたりするのって、金銭目的以外にないって信じられていた時代だったの」

実際、その当時も小児性愛者はいたし、その類の事件も結構起こってはいたと思われる。

しかし、その手の事件が本気で心配されるようになったのは、一九八八年から始まった一連の東京・埼玉連続幼女誘拐殺人事件以降のことである。

世の親達は、お金持ちでもなければ自分達の子供は狙われない、と呑気に構えている所があった。


そして、季節は夏を迎えていた。

夏祭りで賑わうその日、春江さんはとうとう例の男に捕まってしまうのである。

彼女は母親と弟の三人で、会場を訪れていた。

夜店を見て回っていると、三つ下の弟が何かで癇癪《かんしゃく》を起こしてしまい、いきなり走り出したかと思うと、人混みの中に紛れてしまったのだ。

母親は慌てて彼を追い掛けていく。

二人とははぐれてしまったが、春江さんは余り心配していなかった。

小さい町である。

周りには知り合いや同級生がたくさん歩いているし、家族を見失ったときは神社の鳥居の所で待つと、あらかじめ決めてあった。

彼女はここぞとばかりに、ぶらぶらと夜店を冷やかし始めた。

たこ焼き、あんず飴、そして金魚掬《すく》いに型抜き。

十分なお金を持っていなかったのでどれも買うことはできないけれど、こんな夜にお店が出ていて、そこを歩くだけでも十分特別であった。

そのとき、空中から爆ぜる音が聞こえてきた。

慌てて音のするほうに視線を向けると、綺麗な花火が幾つも広がっている。

彼女は道の脇に立ち止まると、一生懸命首を曲げて大空を見上げた。

するといきなり物凄い力で、ぐいっと左肩を掴まれた。

苦痛に顔を顰《しか》めながら、咄嗟に視線を向ける。

そこには、例の駅員の顔があった。

こんなお祭りの夜だというのに、いつものように駅員の格好をしている。

大声を上げようと息を吸ったそのとき、びっくりするほど冷たい手が彼女の首にさっと伸びた。

そこで、彼女の意識は途絶えてしまった。


気が付いたのは、病院のベッドの上であった。

発見されたとき、春江さんの身体には目立った外傷は一つもなかった。

それにも拘わらず、極度の貧血を起こしていたのだ。

一時は病院の検査で、指定難病である再生不良性貧血という診断が出たようだ。

両親は悲嘆に暮れたが、何故か病状は数日で回復してしまい、以降は至って健康である。


「私が倒れるところをたまたま見た人がいたんですが……」

近所に住んでいる煙草屋の爺さんが、その一部始終を目撃していた。

それによると、一人で佇んでいた春江さんが急に苦しみ出して、いきなり倒れてしまった、ということであった。

勿論彼女の側には誰もいなかったということであったが、人の形をした濃厚な靄《もや》を思わせる何かが、彼女に纏わり付いていたのだと、彼ははっきりと証言した。

そして彼女が倒れた瞬間、それは霧散して辺りから消えてなくなったということである。

病院では見逃されたが、彼女の右側の首筋には、奇妙な痣《あざ》が残っていた。

これはあの日にできたもので、今でも彼女の身体に残っている。

なお、その日以来、春江さんの前にあの男は姿を現さないという。

「結構、辛い記憶なんですよ。私にとっては」

あのとき味わった体験による疵痕《きずあと》は、今でも彼女の心にしっかりと残っている。

畳の下

大北さんは東北の片田舎で生まれ育った。

高校卒業後にただ何となく、といった理由だけで家出同然に上京してはみたものの、ぼんやりと抱いていた理想と現実は遥かに違っていた。

様々な理由からいずれの職も長続きせずに、ただひたすら職を転々とするばかりであった。

「田舎さ戻りっちぇえ気持ちはあっけども……」

両親と大喧嘩をして家を出た手前、実家に戻りづらかったことも確かである。

「まァ、当時、日払いの仕事なんて腐るほどあったがら……」

日銭には困らなかったが、安定した生活なぞ夢のまた夢であった。

プレハブの飯場を転々としていたが、どうにかして抜け出したい。

そのためには、一つの所で落ち着いた生活をする必要がある。

そう思ってはみたものの、アパートを契約するには敷金と礼金という比較的纏まった金額が必要であった。

細やかな日銭で生活しているので、そんな大金を用意できる訳がない。

そのような理由で悶々とした暮らしをしていたときに、彼は日雇い先で良子と出会った。

歳は自分と同じ位であったが、そんなに話が合う訳ではなかった。

長い髪を無造作に後方に束ねており、いつも無愛想な表情をしているような、質素な女性であった。

だが、何となくといった理由で連《つる》むようになり、いつの間にかお互いになくてはならない存在になっていた。

「アイツもオレと同じごと考えていたんで……」

二人で細やかな貯蓄を出し合い、漸く六畳一間のアパートに二人で住むことになったのである。

同居し始めは特に問題はなかったが、次第に二人の間に軋轢《あつれき》が生じてきた。

良子はとにかく、謎の多い女性であった。

何しろ、自分のことをほとんど話さない。

漸く話したかと思うと、そのほとんどが眉唾であった。

大北さんの直感では、名前どころか出身地や身の上話まで全て作り話の可能性すらある。

その上、一緒に暮らしていくうちに、次第に意味不明な言動をするようになっていった。

日常生活の一コマで唐突に奇声を発することは頻繁に起きた。

また、彼が夜遅くに仕事場から帰ってくると、明かりの消え失せた部屋の片隅で、彼女は俯いて正座をしていることが多々あった。

「すみません！　すみません！　すみませんっ！」

そして見えない何かに向かって、一心不乱に謝罪の言葉を述べているのだ。

本当は医者に診てもらったほうがいいのは分かっていた。

だが、そこに割く余裕など、彼らの家計には存在していなかったのである。

見た目ではっきりと分かるような生き死にに関わることならば勿論違うだろうが、このようなことに費やす時間も金もなかった。

しかし、彼女の具合は悪化の一途を辿った。

唐突に奇声を発することはなくなったが、その代わりにほとんど言葉を発しないようになってしまったのだ。

いつの間にか仕事にも行かなくなってしまい、一日中部屋の片隅に正座をして過ごすような日々が続いた。

彼としてはそんな彼女でも支えてあげたいとは考えていたが、自分の稼ぎでは二人分の生活費はとてもじゃないが捻出できない。

そんなときであった、良子が突然失踪したのは。

大北さんは、ある日突然いなくなった彼女を血眼になって探し続けた。

勿論警察にも届けを出したし、心当たりの場所は根こそぎ探索したが、消息は一切分からない。

その代わりと言っては何だが、彼女がいなくなるのとほぼ同時に、不気味な影が室内に現れるようになった。

あるときは視聴しているテレビの画面に覆い被さって妨害し、またあるときは入浴中に現れて明かりを遮って暗くする。

いつの間にか室内に現れ、そしていつの間にか消えてしまう。

そのような他愛もない被害ではあったが、残念ながらそれだけではなかった。

その影が去った後には、必ずと言っていいほど生魚が腐ったような香りが辺りに漂った。

思わずその場で悶絶するほどキツい臭いで、これだけはどうしても耐えることができそうもなかった。

そんな日が続いていた、とある土曜の夜。

大北さんがへとへとに疲れ果てて帰宅したそのとき、何気に向けた視線の先から、異様なほど立体感のある黒い影が現れた。

その場所は、良子がいつも正座をしていた場所であった。

その一帯だけ妙に変色しており、やけに傷みが激しい。

そして散々動き回ると、あっけに取られた彼が見守る中、現れた場所へと吸い込まれるように消えてしまった。

彼は、必死の形相で畳を捲り上げた。

そこに何らかの原因が隠されているに違いないと考えたからである。

畳の裏側は発泡スチロールのようなものでできており、その一部分が抉れていた。

そしてそこには、何故か丸まった新聞紙が捻じ込まれていたのである。

小刻みに震える手で新聞紙を取り出して広げてみると、その中身に思わず仰け反ってしまった。

その中には数枚のお札と大量の人間の歯らしきものが入っていた。

お札の一部は死番虫《シバンムシ》と思われる小さな甲虫に食害されていたのか、相当数の甲虫の死骸が混じっていた。

そしてお札のみならず歯の表面にも、所々食痕らしき穴が空いていたのである。

そのとき。

「すみません！　すみません！　すみませんっ！」

懐かしいあの声が、彼の耳元に突然聞こえてきた。

しかし、もう、彼の精神は既に限界を迎えていた。

大北さんは荷物も何もかもアパートの室内に置いたまま、なけなしの端金だけ握りしめてその場から逃げたのである。


あれから思い出したくもないような苦労の連続であった。

しかし今の大北さんは妻と子供の三人で、中古で購入した住宅に暮らしている。

決して裕福ではないが、何不自由ない生活を営んでいる。

ところが、先日家の中でおかしなものを目撃したのである。

それは、妙に立体感のある黒い影で、明らかに見覚えがある。

そして、それとともに不審な声が家の中から聞こえてくることに、彼の妻が気が付いた。

「すみません！　すみません！　って、言ってだみだいで……」

自分だけ幸せになってはいけないのだろうな、と彼は自嘲気味に言った。

山野夜話　特別編

「何だべ、まだ来たんがい？」

随分御無沙汰しているのにも拘わらず、佐竹さんはそう言うなり、目一杯破顔した。

彼は東北地方の山間部に、齢九十を超えた身ながら独りで暮らしている。

「まんず、煙草でも喫《の》んでけろ。まんず、なァ」

私が煙草を止めた旨を伝えると、彼は少々寂しそうな表情を垣間見せながら、何度も頷いた。

「まァ、時代だべなァ。しっかし、おもれる日だずなァ」

浴衣姿の妙齢の女性がプリントされた団扇《うちわ》を片手に、佐竹さんは話し始めた。

「あんどきも、おもれる日だったなァ……」


当時、佐竹さんは山奥の分校で教壇に立っていた。

血気盛んな頃で、教育方針を巡っては上司と衝突していた頃である。

彼の教え子で、花代という女子児童がいた。

彼女は決して物覚えの悪い子ではないのだが、成績は芳《かんば》しくなかった。

花代は顔面や手などの露出した部分に、目立つ痣を毎日のように拵《こしら》えていた。

職員室の噂によると、どうやら花代は父親の連れ子で、一緒に住んでいる義母との折り合いがすこぶる悪いという話であった。

そして、その義母からだけではなく、実の父親からも折檻《せっかん》を受けているらしかった。

勿論、そのようなことが許されるはずがない。

それを聞いて頭に血が上った佐竹さんは、間髪入れずに校長室へと駆け込んだ。

そして彼女の身を案ずる余り、学校として積極的に行動するべきであるし、必要とあらば警察に相談するべきだ、と熱く語った。

しかし、校長の返事は到底納得できるようなものではなかった。

花代の両親は躾《しつけ》と言っている。そう言っている以上、我々は何もできない。

また警察は民事不介入が原則であるから、この件に関しては何もしてくれない、と。

佐竹さんは怒りの余り校長室の壁に足蹴りをくれると、無言で出ていってしまった。

職員室で独り紫煙を燻《くゆ》らせていると、だんだん腹が立ってきた。

どうして何の罪もない児童が、こんなにも辛い目に遭わなければならないのか。

こんな馬鹿な話があるものか、と。

佐竹さんは壁の時計に視線を向けた。

時計の針は十七時半を指し示している。

〈よし、行くか〉

佐竹さんはさっと帰り支度をして、花代の自宅へと向かうことにした。


花代の自宅は、小川の脇にひっそりと建っていた。

大分年季の入った、こぢんまりとしたバラックのような様相を呈しており、家の周囲には様々なゴミが散乱している。


陽はだいぶ傾いていたもののまだまだ蒸し暑い最中、黒い傘を差した女が二人、家の前に佇んでいた。

背格好も同じで、双子の姉妹のように見える。

佐竹さんが見守る中、二人はまるで壁の中に吸い込まれるように、家の中に消えてしまった。

何処となく薄気味悪さを感じて訪問するのを躊躇《ためら》っていると、後ろから声を掛けられた。

「せんせー、どうかしましたか？」

驚いて振り向くと、そこには一升瓶を抱えた花代が立っている。

その姿を呆然と見ていると、花代は言った。

「あ、これは。お父《とう》のお使い」

そう言ってにっこりと笑うと、二級酒の一升瓶を大事そうに抱えながら、バラックへと入っていった。

そして続けざまに、何かが割れるような音と悲鳴が聞こえてきた。

慌てて花代の自宅に駆け込むと、そこには彼女の父親らしき男が三和土《たたき》に倒れており、その脇に砕け散った一升瓶の残骸が転がっていた。

「お父！　お父！」

花代の叫ぶ声だけが、辺りに響き渡った。

佐竹さんは家の中を何度も見渡したが、先程吸い込まれていった二人の姿は何処にもなかった。

花代の父親の死因は、脳梗塞であった。

事件性は何もなく、あっという間に病死と結論付けられた。

あの黒い服の女達は幻覚だったに違いない、と佐竹さんは自分に言い聞かせた。

ある日のこと。

朝から蒸し暑く、身体から湧き出る汗が鬱陶《うっとう》しい日であった。

花代は病気を理由に学校を三日続けて休んだ。

これは只事ではない、と佐竹さんは彼女の家へと向かった。

すると家の前では、またしても例の二人組が佇んでいた。

今度こそどんな顔をしているのか見てやろうと考えた。

そして、興味なさげにゆっくりと二人に近づいた辺りで、一気に視線を彼女達に向けた。

その瞬間、心底肝が冷えた。

二人は全く同じ顔をしていたが、そこには人の温もりが一切なかった。

その蝋《ろう》のように真っ白な顔は、まるで能面のように無表情で、いやに薄っぺらく紅い唇だけが印象的だった。

余りの驚きで身動き一つ取れない彼を尻目に、黒い女達はまたしても壁を通過して家の中に入っていった。

しかし、前回と違って家の中からは物音一つ聞こえてこなかった。

恐怖の余り笑う膝に拳で気合いを入れると、佐竹さんは家の中へと入っていった。

施錠していないらしく、扉はあっけなく開いた。

中では、花代の義母らしい三十代位の女性が仰向けに倒れている。

何処かに出掛ける予定だったのであろうか。

薄紫の洋服で着飾って、やけに高いハイヒールを履いていた。

「……ンふっふふふふ」

重なった女性の声が、上方から聞こえてきた。

佐竹さんは、咄嗟に上を見上げる。

天井からぶら下がった裸電球の周りで、二つの能面がまるで戯れるかのように、飛び回りながらほくそ笑んでいた。

そこから先の記憶はあやふやである。

佐竹さんはいつの間にか自分の家に帰っており、何故か靴下だけを履いたまま布団の中で震えていたからである。

花代の母親の死因は、心不全とのことであった。

またしてもそこに事件性はなかったが、それより何より、花代が心配であった。

続けざまに両親を亡くしてしまったのだから、その悲しみは察して余りある。

遠縁の親戚がしばらくの間一緒に住むとのことであったが、彼女の落胆を思うととてもではないが平静ではいられない。

しかし、彼女の反応は予想を遙かに超えたものであった。

やけに、笑うようになったのである。

時折けたたましく笑い声を上げるようになり、その姿は病的とも思えるほどであった。

心配した佐竹さんが話しかけてみても、彼の言葉は全く耳に入っていないようであった。

両親が亡くなったダメージは、彼女の精神に途轍もない疵痕《きずあと》を残してしまったと思われる。

やがて花代は親戚の家に住むことになり、他県へと引っ越していった。

「あれから何度もおもれる日を過ごしてみだけれど……」

佐竹さんは相も変わらず旨そうに煙草を吸いながら、言った。

「あの女子《おなご》どもをこの目で見たのは、アレが最後だったずなァ」

失職の果て

今から十年以上前の話である。

当時、野本さんは心から疲れ果てていた。

長年勤めていた惣菜製造会社が倒産してからは、彼なりに努力はしたつもりであった。

職業安定所に足繁く通い続け、少しでも自分ができそうな仕事があれば即座に応募し続けた。

勿論、年齢は五十を過ぎていたので、再就職に当たっては甘い考えなど始めから捨てていた。

給料は前職に遙かに満たなくてもかまわない、そのような気持ちで少しでもチャンスがありそうな求人にはせっせと手を挙げていた。

しかし、彼という人材は、何処の会社からも価値がないと判断されていたのであろう。

そのほとんどが面接にすら辿り着くことができずに、書類選考だけで撥ねられてしまう。

その数は想像以上に厳しく、不採用だった会社数が三百社を超えた辺りで、数えることを止めてしまった。

そして休む暇なく応募し続けたが、雀の涙ほどの額でも生きていくために不可欠であった失業保険給付期間が、あっという間に満了を告げたのである。

それからは今までの貯金を崩しつつ生活していったが、それすらも直に尽きてしまう。

それ即ち、彼にとってのゲームオーバーを意味していた。

三十年近くをこつこつと真面目に働き続け、税金と社会保障を払い続けた結果、この様《ざま》であった。

もう、どうにもならない。

自分の人生を半ば諦め掛けていたとき、その奇跡は起きた。

職業安定所からの帰り道、見たことのある男にいきなり話し掛けられた。

「なァ、アンタ。大変そうだね。だったらバイトでもしてみないか?」

名前も知らないその男は、職業安定所でよく見かける人物であった。

その鋭い目付きから、何となく顔だけは記憶に残っていた。

「短期だけどよ。結構な稼ぎになるよ」

木村と名乗るその男は、野本さんの顔をまるで値踏みでもするかのようにじろじろと眺めながら、そう言った。

一瞬の迷いが野本さんの脳裏を過ぎったが、すぐに消え去った。

「……ワタシにできることでしたら、是非」

彼は木村に促されて、ボロボロの雑居ビルの一室に招き入れられた。


はっきり言って、簡単な仕事であった。

いや、簡単かつ楽すぎて、これで本当に給料が貰えるのかどうか怪しい程であった。

何しろ、この部屋で封筒を受け取ったら、後は決して中身を見ずに、可能な限り早く指示された場所まで届ける。

それだけであった。

届ける場所も、怪しい所や危険な所とは到底思えなかった。

何しろ電車で数駅経たところにある、ごく普通の家庭が主だったからである。

中には豪邸らしきものもあったが、そのほとんどは小汚いアパートの一室であった。

そこの郵便受けに封筒を入れれば、それで終了である。

たったこれだけで、手渡しで三万円の報酬になった。

この仕事が週に二～三回ある訳で、月給に換算すると結構な高収入であった。

週にそれだけしか働かないのにも拘わらず、サラリーマン時代の月給より全然高い。

流石に非合法の何かに手を貸しているのではないかと不審に思ったが、今はそんなことを言っている状況ではない。

生か死か、と問われれば、間違いなく生を選びたい。

とにもかくにもやるしかない、と自分に言い聞かせながら、この仕事を日々こなしていた。

最初のうちは適度な緊張感を持って仕事をこなしていたが、数カ月も経つと大分慣れてしまって、そこに隙が生じたのかもしれない。


その日は、朝から蒸し暑い夏日であった。

いつものように封筒を預かって、目的地へ向かって京浜東北線に乗っていた。

そこで、今まで考えもしなかったようなことが脳裏にぽつりと浮かんだのである。

それはこの仕事に於いては絶対に許されないことであった。

「コレって、一体何が入っているんだろうか」

改めてカバンの中の封筒を取り出して、じっくりと見渡してみた。

何の変哲もない、白色のB5サイズの封筒である。

勿論切手は貼っていないし、住所や差出人も未記入である。

しかも、封筒の頭は一度折られただけで、糊やテープ等で封すらされていない。

こんな状態で渡されて決して見てはいけないと言われても、と野本さんは苦笑した。

目的地の駅で降りてすぐ、野本さんは駅の個室トイレへ駆け込んだ。

そして震える手で封筒を開けて、中を覗いて見たのである。

中には、何も入っていなかった。

しばらくの間凝視してみたが、毛の一本すら見つけられなかった。

しかし開けた瞬間、少量の風のようなものが、封筒内から湧き出て彼の頬に触れたことに気が付いた。

更にそれとともに、非常に濃い硫黄に似た臭いが辺りに充満したのである。

しかし、場所が場所だけにそのような臭いがしてもおかしくはあるまい。

そう思って、野本さんは封筒を元に戻して、個室から出て目的地へと向かった。


仕事を終えて帰宅すると、部屋の電話が鳴った。

それは木村からの電話で、受話器から聞こえてきた声は、こう言った。

「アンタ、とんでもないことをしてくれたね。もうクビだから」

それだけを告げると、通話は一方的に切られた。

慌てて例の雑居ビルの一室へ向かったが、そこには最早、人の気配は一切なかった。

ただ、扉の前には不審げな茶封筒が落ちていたので、彼はそれを拾い上げた。

中には一万円札が三枚と、便箋が一枚入っていた。

その便箋には達筆な筆致でこう書かれていた。

「アンタ、これから酷く苦しむよ」


野本さんは例のアルバイトで稼いだ金を元手に、今では輸入販売のビジネスで生計を立てている。

まだまだ個人事業主の域を出ていないが、もうすぐ事業を拡張する予定とのことであった。

「ということは、あの呪いじみたメッセージは大丈夫だったんですね？」

そう訊ねると、野本さんはとんでもないとばかりに頭を左右に振った。

「実はあの日から感じてはいたんですが……」

個室トイレで封筒を覗き見たあの日から、誰かに見られている、といった感覚に悩まされていたのである。

「それが物凄く冷え冷えとした視線のように思われて……思わず身体が竦むような、そんな感じがするんです」

恐ろしいことに、そういった感覚が日に日に強くなっているとのことであった。

勿論、今この瞬間に於いてすら。

「多分ですけど。多分ですけどね、もうすぐ……」

とんでもないことが自分の身に起こりそうな、そんな気がしてならない、と野本さんは言った。

朱

川邉さんが郊外に買った家は、比較的綺麗な中古物件であった。

築五年のこぢんまりとした一戸建てで、僅かながら庭も付いていた。

お世辞にも豪邸とは言えなかったが、夫婦二人で暮らす分には十分であった。

「最初はね、家内がそのことに気が付いたんですよね……」

その家で生活を始めておおよそ一カ月後のこと。

残暑が一段落ついて、秋らしい爽やかな日曜日の朝であった。

掃除をしていた川邉さんの奥さんが、とあることに気が付いた。

「それがねぇ……どうやら隠し部屋みたいなのがあったんですよ」

それは購入時に渡された間取り図にはない部屋であった。

寝室にある収納の奥の壁に、扉のようなものがひっそりと隠されていたのである。

「オレに確かめてくれって言うんですよ。自分で確かめればいいのに……」

奥さんに頼まれて、扉らしきものを強引にスライドさせると、川邉さんは懐中電灯を片手に、恐る恐る中を覗き込んだ。

「怖いじゃないですか、隠し部屋なんて。一体何が隠されているのか、もう怖くて怖くて」

懐中電灯の明かりで室内を照らした瞬間、彼は思わず悲鳴を上げた。

しかし次第に状況が理解できたらしく、最初に抱いた恐怖心はすぐに何処かへと消え去ってしまった。

「そりゃ驚きますよ。だって、部屋全体が真っ赤に染まっているんですから」

更に、この奇妙な部屋には不可解な残留物が置かれていた。

「それが、写真が貼ってある便箋と木材、それに錐《きり》なんですよね」

それを聞いただけでは全く理解できないであろうが、更なる説明を聞けばすぐに腑に落ちるであろう。

この隠し部屋を利用していた人物は、この閉所で不気味なことを行っていたのだ。

それは、便箋に貼り付けた人物の写真を、錐で滅多刺しにしていたのである。

余りにも恨みが強すぎたのか、錐の勢いが強すぎて容易に写真と便箋を貫通してしまう。

よって、下に木材を敷いて、下敷き代わりに利用していたのだ。

その証拠に人物写真は幾重にも刺し貫かれたおかげで、今では性別すら判別不能の状態であった。

そして下敷きに利用されたのであろう木材は、これまた穴だらけで、見る人が見れば寒気がする程の多孔質状態になっていた。

「確かに、不気味でしたけど……」

川邉さんには、この残留物から何らかの危険な臭いを感じ取ることはできなかった。

むしろ、ここを使用していた人物に哀れみすら抱いていた。

「ホント、こんな小っちゃな部屋まで作ってね。天井が三角形になった、一畳くらいのスペースしかないのにね。一人でこんなことばっかりやっていたのかと、家内と一緒に大笑いしましたよ」

二人は笑いながら、これらの残留物を捨てることにしたのである。

しかし、翌朝のこと。

朝方の爽やかな空気とは対照的に、川邉さんは全身汗だくで目が覚めた。

夏掛け布団の中はまるで熱帯雨林で、粘度の高い汗が全身から吹き出ており、それが衣類と布団に粘り付くような状況であった。

ひょっとして、季節外れの風邪を引いてしまったのであろうか。

ここ数年で最悪の朝を迎えた彼は、布団の中から起き上がった途端、思わず戦慄《せんりつ》した。

昨日干したばかりの掛け布団が、まるで染め上げたかのように朱色になっていたのである。

隣に視線を向けると、奥さんも青ざめた表情をしながら、自分の掛け布団と夫の掛け布団を交互に見て、信じられないような顔をしている。

「ええ、オレの布団だけじゃなく、家内の布団も真っ赤に染まっていたんです」

まるで染料の入った容器に掛け布団をドブ漬けしたかのように、彼らの布団はしっかりと染め上がっていたのだ。

しかしながら、敷き布団には何ら変化はなく、何故掛け布団だけに異常が発生したのかさっぱり分からない。

更には独特の臭い、である。

初めは分からなかったが、掛け布団に鼻を近づけてみると、極々微細ながら獣臭のようなものがする。

更には不思議なことに、体感では数分単位でその臭いが次第に強烈になっていくのである。

「ええ。予想外の出費でしたよ。結構高価な羽毛布団だったんで……」

彼らは一度クリーニングに出すことも考えたが、余りにも不気味だったため、その日のうちに新しく買い直すことを選択した。

掛け布団が真っ赤に染まったのは、その日だけだった。

だが、川邉家に発生した異常な出来事は、それだけでは済まなかった。

ある日の夕方、川邉さんが晩酌の肴の準備をしていたときのことである。

鼻歌を歌いながら包丁で玉葱を刻んでいると、視界の片隅で赤い物体を捉えた。

不審に思ってそちらを見ると、ガスレンジの上方にある換気扇のフィルター部分に、真っ赤な顔が貼り付いていた。

ほんの一瞬のことだったので確証はないが、男性らしき人物の顔をすぱっと切り落としたお面状のモノにしか思えなかった。

そのような不気味なモノが、朱に染まった皮膚を小刻みに震わせていたのだ。

「わっ！」

彼は驚きの余り、信じられないほど大きな声を上げてしまった。

と同時に左の人差し指に激痛が走った。

慌ててそちらを見ると、包丁の刃が指の第一関節付近に深々と刺さっていた。

どくどくと傷口から流れ出す血液が、刻んだ玉葱とまな板を赤く染め上げていった。

すぐに病院に向かって適切な治療を受けたため、指の傷は数針縫っただけで大丈夫とのことであった。

しかし、その日を境に、どうした訳か奥さんの体調が日に日に悪くなっていった。

最初は夫の流血を見たための軽いショック状態かと思ったが、どうやらそうではなさそうであった。

今まで一切異常がなかった血圧が異様に高くなり、不整脈に悩まされるようになってしまった。

病院で詳しく診てもらっても、突然発症した原因は分からず、飲み薬を処方されて自宅療養を続ける毎日を送るようになった。

ある日、彼女は自宅で寝ているときに、酷く魘《うな》された。

「来ないで、こっちに来ないで、と涙を流しながら誰かに向かって懇願しているんです」

悪い夢でも見たのかと思って訊ねてみると、すっかりやつれてしまった奥さんのか細い声がこう言った。

「真っ赤な顔が……真っ赤な顔が……」

彼女は喉の奥底から絞り出さんばかりに何度か呟くと、そのまま意識を失ってしまった。

川邉さんは慌てて救急車を呼んだ。

妻の入院の手続きを終えて帰宅するなり、川邉さんは自室で頭を抱えていた。

一体全体、自分達の身に何が起きているのであろうか。

やはり、不幸が発生したタイミングを考えると、この家に問題があるとしか考えられない。

しかも、偶然見つけてしまったあの赤い隠し部屋に何かの秘密があるに違いない。

「もう、どうしたらいいのか分からなくなってしまって……」

誰に相談すべきかすら見当が付かず、インターネットで見つけた浄霊の専門家に依頼をすることにした。

ところが、この浄霊に問題があったのかもしれない。

約束の日時に軽自動車で現れたのは、何処ぞの神職を思わせる大仰な正装をした、若い男性であった。

その男は自宅を一目見るなり、「ああ、これはキケンですねぇ」などと小さな声で呟いた。

そして家の外周をぐるりと一回りした後に、大幣《おおぬさ》らしきものを数回、ばっさばっさと振ってみせた。

「はい。以上になります」

専門家はそう言うと、忙しげな態度を見せながら、軽自動車に乗って帰ってしまったのである。

「ええ、二十万やられました。多分インチキですね。しかも、良くなるどころか……」

お祓い直後の川邉宅は物凄かったらしい。

例の真っ赤な顔をした生首が、家中を縦横無尽に飛び回ったからである。

その紅い顔は相当怒っていたらしく、怒りの余り三角になった眼からは、途轍もない程の悪意が放たれていた。


その日の夕方であった。

川邉さんの奥さんは、病室で息を引き取っていた。

病院からの知らせで急いで駆けつけたが、彼女の死に目には会えなかった。

「もう、情けなくてね。家内があんなことになっているのに、あんなものに引っかかってしまって……」

結局、川邉さんはこの家に住むことを諦めることにした。

購入した不動産屋に連絡して、売却をお願いしたのだ。

だが、希望額での売却は叶わなかった。

今現在、三回目の値下げを断行して、この家を買ってくれる人物の出現を待ち侘びている状態である。

情景

雪子さんは旦那さんと四歳になる敏君の三人で、田舎の古民家で暮らしている。

元々は旦那さんが育った家であったが、両親が高齢で亡くなったことを切っ掛けに、この地へと引っ越したのである。

「大分古い家ですけど、趣があって。思ったより住みやすくて素敵なんですけど……」

そこで雪子さんは、言葉を濁した。

話すべきか話さぬべきか。彼女の心の中の逡巡が垣間見えた。

そして、しばらく経ってから、決意したかのようにゆっくりと語り始めた。

「……居間の北側に小さな窓があるんです。そこから庭が見えるんですが」

かつては老夫婦のちょっとした畑になっていたが、代替わりした今では誰も畑や庭いじりに興味はなかった。

故に雑草が繁殖するには格好の土地と化しており、様々な種類の雑草の類が好き放題に繁殖していた。

余り褒められた状況ではなかったが、問題はそこではない。

居間の窓からこの庭を覗くと、時折異様なモノが見えるのである。

「それが、何と言うか。その。ほら、あの……」

どうにも要領が得ないが、苦心して誘導すると、漸く話し始めた。

「……顔、なんです。そこら辺を歩いていそうな、人間の顔なんです」

まるで人間の首から上を切り取ったかのような生首が、猫の額ほどの庭を跋扈《ばっこ》している。

あるものは唯々浮遊し、またあるものは睨め付けるような眼差しを雪子さんに向けている。

それは一人のときもあるが、複数のときもある。日によってまちまちではあるが、最大十一人の生首が蠢いていることもあった。

特に目に付く機会が多いのが、ロイド眼鏡らしきものを掛けた暗い表情の青年である。

青白い顔をしているだけでなく、やたら唇が薄い、短い髪の顔。

その顔が同じ表情を保ったまま、他の生首と一緒に、狭い庭を彷徨《うろつ》いているのである。

「ホント、厭なんですけど」

できることなら、何も見ないで平穏に暮らしていきたい。

しかし、こういった類のことに、旦那さんは理解を示さなかった。

「そんな馬鹿なことがある訳ないだろ？」

今まで何度か相談したことがあったが、毎回その一言で終了となっていた。

自分が生まれ育った家である。その間に何事もなかったのに、どうして今になってそんなことが起きるのか。

確かに、夫の考えにも一理あるのかもしれない。

しかし、窓から見えるモノは雪子さんにとっては紛れもない現実なのである。

残念なことに、居間での雪子さんの座る位置は、例の窓とは真正面に位置する。

別に好んでこの場所に座っている訳ではない。引っ越した当初から、何故か自分の座る場所がこの位置になってしまっただけである。

防御策としては厚手のカーテンを設置して見えないようにしたかったが、夫の反対で不可能であった。

「オレ、ここから見える景色が好きなんだよね」

どうせ雑草しか見えないじゃないか、と毒づきたくもあったが、彼女は我慢してその気持ちを飲み込んだ。

そんなことをしているうち、いつしか雪子さんは諦めの境地に達した。

そして、もう二度とこの場所を変えようとは思わないことにした。

何故なら、夫に繰り返し説明するのには辟易していたし、却って面倒なことになってしまう。

だったら、たとえ見えたとしても、自分が我慢すればいい。

それさえできれば、あのような訳の分からないものを腹立たしく思う必要もなくなるのではないか。

どうせ、見える以外に害はないのだから。


その日は早朝から暖かく、晴天に恵まれた土曜日であった。

旦那さんは草野球の試合があるため、雪子さんが起床したときには既に家を出ていた。

彼女はここぞとばかりに徹底的に掃除をしようと、朝から張り切っていた。

早めの朝食を摂って、身支度を調える。

そして手始めとばかりにぐるりと一回り、居間を見渡した。

全体的に綺麗に保たれてはいるが、やはり所々の汚れが気になる。

居間から見て、南側はちょっとした大広間になっている。

そこには大きな窓があり、やはり庭に面している。

居間程ではなかったが、ここでも例の顔を見ることがたまにあったので、雪子さんは自然と目を逸らすようになっていた。

だが、生活している訳であるから、そうもいかないときが多々ある。

それが、今回である。

雪子さんは視線を下に向けながら、ガラスの汚れを雑巾で拭き始めた。

時折視界の隅っこのほうで何かがぼやけて行き交っているが、余り気にしないことにしている。

このように掃除や何かの用があるときは、視線を下に向けながら焦点をずらしつつ、自分の仕事を黙々とこなすことにしていた。

ところが、隣でちょこんと座っている敏君が、突然勢いよく泣き始めた。

見ると、顔を真っ赤にしながら大泣きしている。

「知らないおじちゃんの顔が、いっぱい。いっぱい、いるよ」

窓ガラス越しに庭を指差しながら、泣き叫んでいる。

「大丈夫だから、誰もいないって。ね？」

そう言いながら愛息をあやしてはみたものの、どうにも厭な予感が脳裏を過ぎる。

もしかして。もしかして、この子にも見えるのかしら。

そう考えた途端、頭が痛くなってきた。

可能であるならば、こんな苦労はしてほしくないのに。

そんなことを薄ぼんやりと思いながら、彼女は台所まで行って冷たい水を喉に流し込んだ。

そして戻ってみると、思わず悲鳴を上げてしまった。

大広間には、敏君の姿はなかった。

その代わり、庭に面した窓ガラスが少し開いていたのだ。

先程まで確実に施錠されていたので、敏君が開けたのであろう。

とすると、庭に出てしまったか。

こんなときに、厭とは言っていられない。

雪子さんは慌てて庭へと足を運んだが、そこには誰もいなかったのである。

庭のみならず家の中や付近一帯まで半狂乱になりながら探し回ったが、何処にもいない。

大慌てで隣町のグラウンドにいる夫に電話をしたところ、すぐに警察に電話をしろと怒鳴られたのである。


駆けつけた大柄な警察官に事情を説明していると、居間の電話が鳴った。

最早厭な展開しか想像できずに、慌てて受話器に飛びつく。

「もすもす？　もすもす？」

田舎のお祖母ちゃんからの電話であった。

ほっと胸を撫で下ろしたのも束の間、受話器の向こうから突拍子もない話が聞こえてきた。

「信ずらんねえだべっどもよ、おめ。敏ちゃんがオラの小屋で寝てたんだ！」

いつもは物静かな祖母に似つかわしくもない、妙に甲高い声を上げながら、早口で捲し立てた。

「丸っこい眼鏡を大事そうに握りしめてよ。まんず、こつけなものどっから持ってきたんだべなァ」

雪子さんの自宅から田舎までは、約三百五十キロ離れている。

新幹線で向かってもおおよそ三時間、車で高速を飛ばしても四時間は掛かる距離である。

しかし、敏君は彼女が少し目を離した隙に、その距離を移動したとしか考えられない。

警察官はこちらが嘘を吐いているかのような表情を何度も見せていたが、そうとしか考えられないのだ。

未だに信じられないが、現実に起きたことであるから、信じるほかなかった。

「ですが……」

敏君は田舎の小屋で無事発見されたが、どうやら幼児退行を起こしてしまったようであった。

自立心が強くしっかりした性格だったのに、何故か急に甘えん坊になり、お漏らしまで頻繁にするようになってしまった。

周りの勧めですぐに心療内科に相談して治療を行うことになった。

それが幸いしたのか、彼の症状は大分良くなってきている。

雪子さんの涙ながらの説得で、今では庭に面した窓は全て雨戸を締めっきりにしている。

そのため、あの生首達を見ることはほとんどなくなってしまった。

しかし、流石にこのままでは気分も落ち着かないので、友人に紹介してもらった神社の方に近々お祓いをしてもらう予定である。

「……でも、それで済めばいいんですけどね」

雪子さんはそう言った。

水枕

今川さんが小学校高学年の頃の話になる。

待ちに待った夏休みを迎えると、両親とともに親戚のところに泊まりがけで遊びに行くことになった。

親戚の叔母さんが住んでいる場所は日本海に面している。

冬は大雪で大変な所であったが、夏はすこぶる気持ちがいい気候に恵まれていた。

叔母宅の前には綺麗な砂浜が広がっており、遠浅の海は海水浴や魚釣りにもぴったりであった。

しかも、この場所は海水浴場には指定されておらず、周囲が岩場で囲まれていることから、地元の人以外の姿は滅多に見られないような穴場であった。

叔母宅に到着するなり、疲れ果てた両親を尻目に今川さんは早速海に繰り出そうとしていた。

「明るいうちはな、幾ら遊んでもいいけど」

冷たい麦茶を用意しながら、叔母が言った。

「真っ暗くなったらな。海に行っちゃダメだよ」

今までにない真剣な叔母の表情に驚いて、今川さんは直立してこくりと頷いた。

「それくらい、分かってるべ」

そう言って両親は笑っていた。


日中は海水浴でたっぷりと遊び、休憩時には友達へのお土産にしようと、珍しい貝殻を拾って集め始めた。

そして夕暮れ時になると、サヨリの浮子《うき》釣りで遊び尽くした。

バケツが魚で一杯になる頃には身体はたっぷりと日焼けし、流石にへとへとに疲れ果ててしまった。

夕食には自分が釣り上げたサヨリの天麩羅《てんぷら》をいただいて、お腹が一杯になった。

そして風呂から上がった頃には、今川さんの両目はすっかりと重くなっていた。

少しだけ休もうと用意されていた布団の中に倒れ込んだ途端、彼の意識は瞬く間になくなってしまった。

下腹部の圧迫感で目が覚めると、いつの間にか周囲は真っ暗になっていた。

膀胱《ぼうこう》がぱんぱんになっており、どうやら激しい尿意で目が覚めたようである。

隣で鼾を掻いている両親を起こさないように、眠たい眼を擦りながら忍び足でトイレへと向かう。

膨れ上がった膀胱をゆっくりと解放していると、突然左手首が気になり始めた。

慌てて視線を向けると、そこにあるはずの金のブレスレットがなくなっていた。

「えっ！　何処にいったの！」

思わず声を出したが、時間のことを思い出して慌てて口を押さえた。

恐らく、というか絶対に、砂浜で落としてしまったに違いない。

海水浴から出たときには、左腕の感触を覚えていた記憶があるので、間違いないであろう。

そう思うと居ても立ってもいられず、今川さんはこっそりと玄関へ向かった。

たまたまそこにあった懐中電灯をむんずと掴みあげると、着の身着のまま大急ぎで砂浜へと向かっていったのである。

足下に広がる楕円形の光の輪が照らす砂浜は、とても美しく神秘的ですらあった。

光が時折捉える珍しい貝殻や、集まってくる名も知らぬ虫などには目もくれず、彼は目的のものを探し続けた。

「ごめんね、弘子ちゃん」

折角貰ったブレスレットなのに、それをなくしてしまった。

どうしよう。どうしたらいいのだろう。

万が一、このまま見つからなかったら、僕は一体。

容赦なく押し寄せてくる負の感情に頭が一杯になっていた、そのとき。

突然背後から、ぶよんとした柔らかい大きなものが、ぎゅっと背中に押しつけられた。

何が起きたのか、一切分からない。

ただ、まるでマットレスのような巨大なものらしいことだけは、踵《かかと》から頭まで同様の感触を得たことから判断できた。

そして続けざまに、今度は左右から。次に真正面から、同じようなものがぎゅっと身体に押しつけられたのである。

「何ていうのかなァ、まるで水枕みたい、としか。すっかり氷の溶けきった、ぬるい水枕みたい」

いつしか呼吸すらままならない状態になっていた。

心臓が飛び出さんばかりに脈打ち、徐々に体温が高くなっていく。

朦朧《もうろう》とする意識の中、誰かに左腕を強く握られた。

その手は妙に温かく、その正体が誰なのかはすぐに分かった。

「弘子ちゃんが助けに来てくれた。弘子ちゃんが助けに来てくれた……」

弘子ちゃん、ありがとう。弘子ちゃん、ありがとう。弘子ちゃん、ありがとう。

まるで念仏のように唱えていると、足下が濡れていく感触に襲われた。

火照った身体が、心地よい海水によって冷却されていく。

踵から膝へ、そして腰の辺りまで気持ちよくなっていったときのこと。

いきなり、右肩を凄まじい力で掴まれると、矢継ぎ早に右頬に痛みが走った。

「オメエ、何やってんだ！　馬鹿野郎っ！」

更にもう一発頭部に痛みが走ったところで、今川さんは我に返った。

目の前で怒っている老人は、たまたま夜釣りに来ただけであった。

気持ちよく釣りをしていると、いきなり子供がパジャマ姿でふらふらと歩いてきたという。

話し掛けても全く反応せずに、徐《おもむろ》に入水を始めたのであった。

その釣り人に介抱されながら、今川さんは無事に叔母宅まで連れてこられた。

釣り人の説明に最初はきょとんとしていた両親と叔母であったが、次第に話が見えてきたらしく、涙を流しながら感謝の気持ちを伝えていた。

両親は幾ばくかの謝礼を渡そうとしていたが、釣り人は固辞しながら、間もなくその場から立ち去ってしまった。


時刻は夜中の二時を回っていた。

勿論両親からはこっぴどく怒られたが、今川さんにも言い分はあった。

「だってブレスレットが……弘子ちゃんに貰った……」

泣きながら何度も謝りつつ、自分の止むに止まれぬ事情を説明し始める。

「なくしちゃったんだから……絶対に探さないと……探さないと……」

一生懸命説明しようとしたが、聞かされた両親は全く理解できずに呆然としている。

「ブレスレット？　そんなものいつから着けてた？」

父親は小首を傾げている。

「ええっ、いつも着けてるじゃん。金色のかっこいい奴だよ……」

しかし、母親がぼそりと呟いた。

「ねぇ、そもそも弘子ちゃんって誰のこと？」

「誰？　誰って弘子ちゃんは……弘子ちゃんは……」

今川さんは急に冷静になった。

そして、すぐに理解したのである。

自分はブレスレットなんて洒落たモノは持っていないし、興味もないことに。

更に、弘子という幼馴染みや同級生はいない。

たとえ年齢を気にしなくても、自分の周りにはそのような名前の人物は存在していなかった。

「……本当にごめんなさい」

今川さんは両親と叔母に深々と頭を下げて、心から謝った。

両親は一安心したらしく安堵の表情を浮かべていたが、叔母は身体の具合でも悪いのであろうか。

妙に青ざめた表情をして、彼女らしくもない強張った笑顔を、終始顔面に貼り付けているようにしか見えなかった。

二泊三日で叔母宅を後にしたが、お土産用に集めていた珍しい貝殻を忘れてしまったことに帰宅してから気が付いた。

「自分のリュックに絶対に入れたはずだったんですが、何故かなくて」

すぐに叔母に電話を掛けたが、そのようなものは家の何処にもないとのことであった。

「もしかしたら、叔母は貝殻を渡したくなかったのかもしれませんね。何の意味があるのかは分かりませんが」


勿論、翌年以降も夏休みになると叔母宅へは泊まりがけで遊びに行った。

その旅行は今川さんが中学生になるまで続けられ、高校に入学した頃に自然消滅してしまった。

あれから三十年以上経過してしまったが、今でも叔母はあの地で暮らしている。

たまに彼女と電話で話すことがあるが、あの日のことを話題として振っても笑って誤魔化すばかりであった。

「今度遊びに行ってみたいですね」

そしてじっくりと話を聞いてみたい、と今川さんは言った。

病気じゃない

当時、由香里さんは毎日のように訪れる嘔吐感に苛まれていた。

それは当然のことながら彼女の状況を全く考慮せずに、食事中だろうが何だろうが突然襲ってくる。

勿論通院もしたし色々な薬や健康食品を試してみたが効果は一切現れず、一時期は部屋から出ることすら恐れるようになっていた。

だが、親元から遠く離れて独り暮らしをしていたため、助けてくれるような知人に心当たりはない。

そのせいもあったのか、彼女は平日の仕事も休まず、休日は用がなくても積極的に外に出るように心掛け、徐々にその気持ちを克服していった。

しかし、嘔吐感が遠慮なく襲ってくることに違いはない。

そして彼女なりに研究した結果、あることが分かった。

まず、この嘔吐感には二パターンある。

第一のパターンは何の前触れもなく、いきなり吐き気が襲ってくるケース。

この場合は、何をしても無駄である。

状況がどうあれ、できるだけ早くトイレもしくは人気のない所に駆け込み、身体の要求のままにするほかない。

第二のパターンは、事前に喉の奥に違和感を感じるケース。

まるで硬い何かが喉の奥に付着したかのような感覚に陥る。

この場合は慌てなくても大丈夫。

落ち着いて水を喉に流し込めば、さっきまでの嘔吐感が嘘のように消えてなくなってしまう。

割合で言えば断然、第二のパターンのほうが多いのだが、だからと言って何の慰めにもならない。

とりあえず、ここまで分かるまで約半年掛かったということから、彼女の苦労が窺《うかが》える。

そんな毎日を送っていた、ある日の夜。

由香里さんは自宅に親友の祐子さんを呼んで、二人きりのプチ女子会を愉しんでいた。

酒を飲みながら互いに愚痴を溢し合い、日頃の鬱憤を晴らしていた。

祐子さんが持ち込んだ高そうなワインを飲もうとしたとき、由香里さんは喉に違和感を感じた。

「あっ、祐子！　来た、来た、来た」

彼女の言葉を聞くなり、祐子さんは手元のスマートホンを撮影モードにして、由香里さんの口元に急いでレンズを向けた。

由香里さんの喉の違和感の正体を確かめるべく、二人は事前に話し合っていたのだ。

「開けるよ、開けるよ、開けるよ……はいっ！」

由香里さんはそう言いながら、その場で口を大きく開けた。

「よっし。撮るよぉ」

そう言いながらシャッターを押した瞬間、祐子さんは持っていたスマホを床に落としてしまった。

そして素っ頓狂な悲鳴を上げた後に、まるで譫言《うわごと》のように同じ言葉を繰り返し繰り返し口にしていた。

「ウソでしょ。ウソでしょ。ウソでしょ。ウソでしょ……」

「ねえ？　どうしたの？　撮れたの？」

由香里さんが、用意した水を飲みながら問いかけると、彼女は口をパクパクとさせながら、床に落ちたスマホを指差している。

「……確認してみて！　お願いだから、確認してみて！」

いつの間にか流れ出した涙を拭うこともなく、涙声で言った。

「どうしたのよ、一体……いっ！」

祐子さんが撮影した写真を確認した途端、彼女の心臓は一気に動きが加速した。

そこには、由香里さんの口内がしっかりと撮られていた。

若干黄ばんだ歯に、赤黒い舌がはっきりと見える。

その奥底には、口蓋垂《のどちんこ》がぶら下がっている。

それをしっかりと掴むように、小さな人間のふっくらとした掌らしきものが、くっきりと写し出されていたのである。

「……ねぇ、気分が悪いから、私帰るね」

余りにもショックが大きかったのであろうか。

祐子は泣き止む気配も見せずに、由香里さんの手からスマホを取り返すと、そそくさと部屋を出ていった。

部屋に一人残された由香里さんは、どうしたら良いのか皆目見当が付かず、床に崩れ落ちた。

そしてそのまま泣き疲れてしまい、いつしか眠りに落ちていたのである。

あの日以来、祐子に電話を掛けても応答は一切ない。

由香里さんも、容赦なく毎日襲いかかってくる嘔吐感に、ほとほと疲れ果てていた。

原因は何か心当たりはないんですか、と訊ねてみた。

「……それだけは、言えません」

強い口調で、彼女は言った。

嘔吐

今から二十年以上前の話である。

亜紀さんは友人二人と連れだって、とある地方の山へキャンプに出掛けた。

当時、彼女達は同じ女子大に通っている同級生で、普段から仲がよくいつも連《つる》んでいた。

「何かの雑誌でキャンプ特集があって……それで何となく面白そうで……」

夏期休暇中に予定を組んで、三人で出掛けることにした。


友人の美加が実家から軽自動車を借りてきたので、荷物を積み込んでキャンプ地へと向かうことにした。

「勿論誰もキャンプ道具なんか持っていなかったので……」

行き先は専門誌を熟読して、三人同意で決定された。

「そこはバンガローに泊まれる場所で、水道やトイレもあるところでした」

おまけに車で二時間程度といったアクセスの良さから、大人気のキャンプ場であった。

美加の運転する軽自動車は、はっきり言って乗り心地は余り良くなかった。

しかしながら気が置けない友人同士のみということもあって、道中は笑いが溢れており、目的地にはあっという間に到着してしまった。

運転免許証を持っていた亜紀さんは念のために飲まなかったが、友人の希美子は持参した缶チューハイを数本開けて、すっかりとできあがってしまった。

「ねぇ！　ここってほんろうにキャンプ場らの？」

駐車場らしき場所に停車した途端、ふらふらと覚束ない足取りで車外に飛び出した希美子は、呂律《ろれつ》の回らない声で言った。

「うーん。おっかしいよね。地図の通りに来たはずなんだけど……」

盛んに小首を傾げながら、美加が自信なさげに言った。

助手席に座って地図を広げながら道案内をした手前、亜紀さんも不思議で仕方がなかった。

「間違うはずがないんだけどなあ。でも、ここであっているとも思えないなあ」

改めて周囲を眺めると、辺りには険しそうな山々が連なっており、鳥達が聞いたこともないような鳴き声を奏でている。

ぐるりと見渡しても自分達以外に人っ子一人見当たらず、風の囁きと野生動物達の声しか聞こえてこない。

　初めは駐車場だと思って車を駐めたこの場所も、背の高い雑草に囲まれて一切整備されておらず、とてもじゃないが有名キャンプ場のものとは思えなかった。

「折角ここまで来たのに、ね」

　残念そうな口調で、頬を紅くした希美子が言った。

「しょうがないよ。一旦、何処か分かる場所まで行って、もう一回頑張ろうよ」

　そう言いながら亜紀さんが希美子のほうを向いたとき、思わずギョッとした。

　何故なら、希美子は何事か独りごちながら、雑草の生い茂る方向へと向かって歩き出していたからである。

「……分かっちゃ！　分かっちゃ、から！」

　何度もそう言いながら、千鳥足で歩いていく。

「ちょっと！　ちょっと！　キミー、何処へ行くのよ！」

　残された二人は、慌てて彼女の後を追い掛けていった。

　砂利道や雑草のおかげで難儀したが、漸く希美子に追い付くことができた。

　彼女は山の麓でしゃがみ込んで、熱心に手を動かしていた。

「ちょっと、キミー！　何やってるの？」

亜紀さんが近づくと、希美子はにんまりとした笑顔を向けて、甲高い声を上げた。

「ろう！　似合うれしょっ！」

その手には、彼女がいつも使っているリップが握られていた。

正面には見窄《みすぼ》らしいこぢんまりとした祠のようなものが建っており、その中にはお地蔵さんらしき石像が佇んでいる。

長年の風雨に曝《さら》されたおかげで、その表面は大分痛んでおり、顔面に至っては雨風と経年劣化により無残なまでに削り取られていた。

しかしながら、そこに新しく、紅いリップで可愛らしい顔が描かれていたのだ。

丸みを帯びた真っ赤な目、鼻、口が書き込まれており、更には顔の皺まで忠実に再現されている。

「キミー、あんたって絵の才能があったのね！」

ひっそりと静まりかえった山の麓で、美加の控えめな笑い声が聞こえてくる。

その声に重なるように、希美子の甲高い笑い声が更に激しくなった。

その声はやけに煩く、頭上の木々から数羽の鳥達や蝉《せみ》が飛び立つ音が聞こえてきた。

「れしょっ！　れしょっ！」

バッグにでも入れておいたのであろうか、希美子はまたしても缶チューハイを喉に流し込みながら、ゲラゲラと笑い始めた。

そして、急に飲むのを止めると、お地蔵さんに向き直った。

「これ、あんまりおいしくないや。アンタ、飲む？」

そう言いながら、紅く着色された液体を地蔵の頭に掛け始めた。

それを見るなり、またしても美加の小さな笑い声が聞こえてくる。

そういった行為自体が非常に不快で、亜紀さんはすぐに彼女達を窘《たしな》めた。

「いいかげんにしなよ！　バチが当たるよ、アンタ達！」

しかしツボに入ってしまったのか、二人の笑い声はしばらくの間続いていた。


あの場所で予想以上に長居したことが災いしたのであろう。

結局彼女達はキャンプ場に辿り着くことができなかった。時間も時間だったので、やむなくたまたま見つけたホテルに泊まることになった。

そこはビジネス客がターゲットなのか、大浴場や娯楽は一切なかった。

部屋は一つだけ空いていたツインベッドルームで、何とか頼み込んで三人で宿泊することができた。

酒類や軽食はあらかじめ用意していたので、折角だからと夜遅くまで三人で愉しむことにしたのである。

「でもキミーったら、あんなことするなんて信じられない」

缶ビールを空けながら亜紀さんが言うが、二人の反応はやけに薄かった。

心ここにあらず、といった感じで生返事しか返ってこない。

それどころか二人とも、まるで何かを探しているかのように盛んに視線を辺りに巡らせている。

「ねえ、どうしたのよ、一体」

やや語気が強くなった亜紀さんの言葉に、二人は急に正気に戻ったかのように思えた。

「……何だかね。誰かに見られているような気がするのよ」

すっかりアルコールが抜けてしまったのか、冷静な口調で希美子が言った。

「そうそうそう、そうなのよ。ずーっとよ。運転中ずっと誰かに見つめられているような気がして、ワタシ気が気じゃなかったわ」

美加も小声でそう言うと、持っていた缶ビールをちびりちびりと飲み始めた。

「何だか、薄気味悪いわね。疲れてるし、今日は早めに寝ようか」

亜紀さんがそう言うと、二人は黙ったままこくりと頷いた。

翌日、三人は思ったよりも早めに目が覚めた。

昨日の予定では幾つか観光巡りをするつもりであったが、気分が乗らなかったので早めに帰ることにしたのだ。

帰りは亜紀さんがハンドルを握ったが、車中の友人達の挙動は明らかに不審であった。

未だに何処からかの視線を感じているのか、時折辺りを見回す二人。

更に、亜紀さんには聞こえない声でも聞こえるのか、二人は唐突に返事をしたり、妙な行動をするようになっていた。

しかも、常日頃から素っ頓狂な態度を見せる所謂天然系の希美子だけではない。

自分よりもしっかりとして落ち着きを持っているはずの美加まで、同じ調子であった。


二人の挙動不審は、夏期休暇中どころか、後期の講義が始まってからも続いた。

亜紀さんは別に何ともなかったが、二人の奇行は仲間内で既に噂になっていた。

二人とも講義の最中にいきなり笑い出したり、学内を歩いているときに、唐突に意味不明なことを叫びながら走り出したりもした。

更には、友人達の中には二人と一緒にいるときに異様なものを目撃してしまったり、気分が悪くなってしまう者まで出始めた。

どうやら、二人に寄り添うようにしている、髪の長い白装束の女の霊が見えてしまうらしい。

亜紀さんは必死でそれらの噂を打ち消そうとしたが、どうやら上手くはいかなかった。

いつしか二人は学友達から敬遠されるようになっていった。


ある日の昼休み。

三人揃って学食で昼食を摂っていると、希美子がいきなり苦しみ始めた。

心配して見守る二人と、周囲の大多数の白い目が目撃する中、彼女はその場で嘔吐し始めた。

物凄い音を立てながら、水っ気のある嘔吐物を広範囲に吐き散らしてしまったのだ。

びしゃびしゃびしゃっ。

周囲に容赦のない飛沫と臭気を撒き散らしながら、湯気を立てつつ床に広がっていく吐瀉物《としゃぶつ》。

亜紀さんが近くにあった紙ナプキンを持って片付けようとしたとき、周りから悲鳴が聞こえ始めた。

悲鳴に混じってひそひそ声が耳に入ってくるが、一体何を言っているのかさっぱり聞き取れない。

「ねえ、亜紀。あれって、何だろう?」

隣から聞こえてくる、美加の震えた声。

彼女の指差す先には、希美子が吐いた胃の内容物がある。

だが、その中に、明らかに異常なものが含まれていたのだ。

「あれって、ひょっとして髪の毛?」

亜紀さんの言葉に、美加は無言で頷いた。

一本や二本ではない。束になった大量の長い髪の毛が、吐瀉物に混じっていたのである。

更に、亜紀さんは信じ難いものを見つけた。

それは、何処からどう見ても人間の爪であった。

それも一個や二個ではない。

ざっと数えただけで、十個以上も含まれていたのである。

伸びたから切ったというようなものではない。まるで今し方根元から引っこ抜いたかのような半円形の爪、そのものであった。

爪根には血液らしき赤黒いものが付着しており、妙に生々しかった。

周囲からは恐怖からか嗚咽すら聞こえ始めていた。

そのとき。

「いやっァァァァァァァ!」

甲高い悲鳴を上げながら、希美子が全速力でその場から走り去っていった。

あっけに取られる亜紀さんの脇で、今度は美加の様子がおかしくなってきた。

いきなり両手で口元を押さえて蹲《うずくま》ると、うんうん唸りながら、背中を不気味に蠢かせる。

と思った瞬間、凄まじい音が響き渡ったかと思うと、彼女の口から大量の嘔吐物が放出された。

それを見た途端、亜紀さんの顔から血の気が一気に引いてしまった。

何故なら、その新しい嘔吐物にもまた、髪の毛の束と人間の爪らしきものが大量に含まれていたからである。

しかも、それだけではない。

美加の嘔吐の瞬間、その傍らに白装束を身に纏った髪の長い女の姿を目撃したのだ。

その姿は所々透けて見えており、何処となく朧気ではあったが、その憤怒の表情だけははっきりと見て取れた。

亜紀さんの見つめる中、髪の長い女はまるで仕事でもやり遂げたかのような満足した表情を残しながら、やがて周囲に溶け込むように消えてしまった。

そして気付いたときには、美加もまたその場から走り去っていた。

彼女らしくもない、今まで聞いたこともないような、狂おしい笑い声を発しながら。


亜紀さんはすぐに二人を追ったが、全然見つからない。

校内の誰一人として二人の姿を見ていないらしく、更には医務室にも姿を現さなかったようだ。

一体何処へ行ってしまったのであろうか。

すぐに彼女達が住んでいたアパートへと向かったが、そこにも帰っていない。

二人が行きそうな場所を血眼になって捜索したが、行方は一向に分からなかった。

学校の学生課に連絡して、二人の実家の電話番号を教えてもらい、すぐに連絡もしてみた。

しかし、電話に出た家族からの返事は、揃って素っ気ないものであった。

「病気で退学しました。ここにはもういません」

その日以降、亜紀さんは友人二人と連絡を取ることすらできなくなってしまったのである。

それから二十年以上の月日が経過した。

「やっぱり、何処かで元気にしているとは思いたいんだけれど……」

亜紀さんは今でも、親友二人からの連絡を待ち続けている。

釣行夜話　其の一　前夜編

木村さんは薄ぼんやりとした明かりの下、一心不乱に作業をしていた。

太い指先を器用に駆使して、透明なナイロンラインと黒く厳《いか》つい釣鉤を結束しようとしていたのだ。

ラインの太さは8号であるから、おおよそ直径〇・五ミリ程度もある。

普段であれば、このような頑丈なラインと鉤は使用しない。

だが、明日は待ちに待った離島への釣行である。

どんな大物が待ち構えているか分からないので、準備するに越したことはない。

ところがあっという間に終わるはずだった準備が、いつまで経っても終わらない。

その理由は、8号もあるごついラインが、何故かプチプチと切れるからである。

鉤に結ぶために少し力を入れただけで、あっという間に切れてしまう。

数回試した後、木村さんは嘆息しながら小首を傾げた。

ナイロンラインは湿気を吸うので、これが古いものならば勿論納得がいく。

しかしながら、このラインは買ったばかりの新品同様である。

勿論、これだけがそういった状態であるならば、不良品ということも考えられるであろう。

しかし、家に保管してある釣り糸が全て同じ状態で、軽い力で引っ張っただけで簡単に切れてしまうとは一体どういったことであろうか。

「……ま、いいか」

こうなってしまった以上、どうしようもない。

最悪、友人からラインを拝借して現地で結ぶしかないであろう。

そんなことを考えつつ時計を見ると、だいぶ遅い時間になっていた。何しろ明日は三時起床の予定なのである。

そろそろ床に就くべく、寝る支度をすることにした。

瞼《まぶた》を閉じてうとうとしていると、今度は耳元で妙な音が聞こえてくる。

まるで人間の唸り声のようで、実に薄気味悪い。

それどころか、この妙な音のおかげで、折角訪れた微かな眠気が、一気に吹き飛んでしまった。

それ以降は幾ら眠ろうとしても、却って目が冴えてくるばかり。

突然、枕元のアラームがけたたましい音をがなり立てた。

慌てて時計を見ると、時計の針は午前三時を指している。

結局一睡もできなかったが、悔やんでいる時間はない。

今はとにかく、さっさと出発しなければならない。

木村さんは焦る気持ちを抑えながら、いそいそと身支度を調え始めた。

ところが今度は、運転免許証が何処にも見当たらないのだ。

二つ折りの財布に確実に入っているはずなのに、何故か見つからない。

彼は苛立ちを隠そうともせず辺りを強引に漁り始めたが、タイムリミットをちらつかせる時計が気になってしまい、すぐに諦めることにした。

こうなっては致し方がない。

木村さんは覚悟を決めた。

そして、こう考えた。

今まで数え切れないほど運転してきて、検問に遭ったのは一回だけである。

たまたま免許証不携帯で運転したとしても、見つかる可能性なんて天文学的数字ではないだろうか。

そんなことは起こりえない。恐らく、いやきっと大丈夫であろう、そう強く信じて、免許証が見当たらないまま釣り場へ行くことにした。

釣り道具を愛車に積み込んで、キーを回してエンジンを掛けようと試みる。

しかし、一向にエンジンが掛からない。

間抜けな回転音を少し披露するだけで、その後はウンともスンとも言わない。

木村さんはハンドルに怒りをぶつけながら、何回も試してみたが、エンジンは情けない空回りの音を奏でるだけであった。

これは、もう。どうしようもない、な。

万策尽きてしまった。木村さんはあっさりと釣行を諦め、一緒に行くはずの仲間達に断念する旨を連絡したのである。

お前が行かないなら俺達も行かない、みたいな展開を実は期待していたのだが、そのようなことにはならなかった。


しかし、ある意味、彼の望みは叶ったのかもしれない。

後に分かったことではあるが、あの後すぐに仲間達にも同じような不可思議なトラブルが発生しており、あんなに楽しみにしていたにも拘わらず、誰一人として離島釣行へ行くことは叶わなかったのだ。

二〇一一年三月十日から十一日に掛けて起こった、東北地方のとある町での出来事である。

釣行夜話　其の二　鰻《うなぎ》釣り編

時刻は夜の十時を少々過ぎていた。

喜多さんは近所の小規模な河川で、独りで夜釣りをしていた。

昨晩までの大雨の影響で、眼下では濁流が轟音を立てている。

しかし、こんなときこそが鰻釣りのチャンスなのであった。

今はもうすっかり上がってしまったが、日没までは小雨が降り続いていたので、案の定周りに釣り人の姿はない。

喜多さんは四本の投げ竿を設置して、採りたての土場《どば》蚯蚓《みみず》をポイントにぶっ込んで獲物が食いつくのを待ち構えていた。

そのとき。

心地よい風の音が、ピタリと止まった。

しかも、それだけではない。

そこら中の草叢で鳴いていた虫達の声も鳴りを潜め、眼下の濁流の音さえもいきなり消えてしまったのだ。

唐突に訪れた静寂が、むしろ耳に痛い。
そのとき、何らかの異変を感じて、喜多さんは思わず身構えた。
「……苦しかったなァ」
若い男の声が、耳元でそう囁く。
はっとしたその瞬間、今まで中断されていた自然の奏でる音が突然復活した。
その後数時間粘ったが、残念ながら釣果には恵まれなかった。

釣行夜話　其の三　手長海老釣り編

鬱陶しい梅雨の雨が中休みをしていた、ある日曜日の午前中。

小笠原さんは近所の川辺に腰掛けて、水面に浮かんでいる小さな玉浮子を凝視していた。

一メートルにも満たない、短く細い釣り竿を、彼は優しく握りしめている。

持参した餌兼軽食の魚肉ソーセージを味わっていると、彼の身体がピクリと動いた。

浮子の動きに変化があったのだ。

玉浮子はゆっくりと水中に沈み込むと、向かって左側へすーっと動き始めた。

逸る気持ちを抑えながら、大合わせしたい衝動を我慢し続ける。

浮子の動きが、岩場の一歩手前でピタリと止まった。

ゆっくりと竿を立てると、何とも言えない脈動感が竿を通してしっかりと感じられた。

「でかいっ！」

獲物の姿を見たとき、彼は思わず声に出してしまった。

それほどまでに大きい、手長海老の雄であった。

目測ながら、腕の長さは体長の倍以上もある。ここまで長い鋏脚を持った海老は見たことがない。

獲物の身体が水中から完全に揚げられた、そのときである。

水中から物凄い勢いで何かが飛び出したかと思うと、彼の獲物を釣鉤ごと引っ手繰っていった。

「えっ？　何、今の？」

大声を上げ、水面を凝視する。

しばらくして、漸く事態を飲み込むことができた。

思い返してみると、あれはまるで、茶褐色で皹《ひび》の入った大型の紅葉のような、恐ろしく巨大な掌であった。

それでも小笠原さんは、たった今、自分の身に起きたことを到底信じることができずに、しばしの間呆然とする他なかったのである。

釣行夜話　其の四　鯉釣り編

さっきまで頭上に居座っていたおどろおどろしい入道雲がすっかりと消え去り、夕闇が訪れようとしていた。

三浦さんは湖岸に置いたパイプ椅子に腰掛けながら、根元まで吸い尽くしたハイライトを携帯用灰皿で揉み消した。

湖水に向けて置かれているごつい釣り竿は、大分前からウンともスンとも言わない。

そろそろ潮時かもしれない、な。

帰り支度を始めようとして視線を地面に向けたとき、草叢の中に一足の小汚い運動靴を見つけた。

「こんなんあったっけ?」

元は真っ白なものだったと思われるが、表面の布地には泥がたっぷりと付着しており、両方とも靴底を横にして打ち捨てられていた。

褐色に変色した靴紐はだらしなく垂れ下がっており、靴底のラバー部分には虫の卵鞘《らんしょう》らしきものがべったりと付いている。

その大きさから小学校低学年のものだと思われたが、こうなってしまっては最早、知る術はない。

そのとき。

先程まで一切反応のなかった釣り竿が激しくお辞儀をし始め、竿先に付けておいた鈴がけたたましく鳴り響いた。

三浦さんは急いで釣り竿を手にすると、頃合いを見計らって勢いよく合わせをくれた。

「でかい！」

カーボン製の竿から感じ取れる感触から、掛かった獲物の大きさが想像できた。

細心かつ大胆に足下まで魚を引き寄せると、獲物の顔だけを水面に浮かせて、空気を吸わせてやる。

「……おぉ。スゲえ」

思わず感嘆の声を上げるほど、立派な鯉であった。

案の定空気を吸わせたことによって観念したのか、大分動きが緩慢になってきた。

真っ黒な鯉鉤は上顎をしっかりと貫いていたので、彼はほっと一安心した。

用意しておいたタモ網で鯉を掬おうとしたとき、足下で音がした。

ガサリ、ゴソリ、といった何らかの生き物が動いた音のように思えた。

蝮《まむし》でもいるのかと思ってすかさずそちらに意識を向けたところ、一瞬で彼の全身が総毛立った。

それは蛇なんかではなかった。

先程見つけた一足の運動靴。それらが、まるで綺麗に揃えられたかのように置かれていたのだ。

勿論、周りには誰もいないし、三浦さんも一切触れていない。

にも拘わらず、転がっていたはずの運動靴がきちんと揃えられている。

訝《いぶか》しげに凝視していると、それらが微かに蠢いた。

と思った瞬間、運動靴が激しく動き始めたのだ。

まるで何者かが履いているかのように、交互に上下運動をしている。

そしてそのまま一旦は湖水に向かっていったが、くるりと踵を返して、こちらへ向かってきた。

思わず身構えたそのとき、突然上唇に激痛が走った。

何者かの指で思いっきり抓《つね》られて、その状態のまま引っ張られたような感覚。

そしてすぐさま、不気味な女の声が耳元に響いた。

「……キムラクン？」

三浦さんは解読不能な悲鳴を上げながら、その場から一目散に逃げ出した。
勿論、獲物の掛かったままの竿や、釣り道具を全部ほったらかしにして。

「キムラって誰のことですかね」
三浦さんは今でも不思議に思っている。

釣行夜話　其の五　虹鱒《にじます》釣り編

佳美さんは休日になると、決まって趣味の釣りに没頭していた。

中でも、最近とみにはまっているのは、管理釣場での虹鱒釣りである。

管理釣場とは釣り堀の一種ではあるが、餌釣りではなく疑似餌を使った釣りということもあって、そう簡単に釣れるものでもない。

しかし、その難しさが彼女の琴線に触れたのであろう。

最初はなかなか釣れなかったが、今では周りの釣り人が彼女の真似をし始めるほどのエキスパートになっていた。

その日は平日の早朝ということも関係していたのか、彼女以外の釣り人は誰もいなかった。

爪の先程の大きさしかない、スプーンと呼ばれる疑似餌を水面直下でゆっくり引いていると、黄色に着色されたラインが不自然に動いた。

その瞬間、思いっきり竿を立てて合わせる——と、心地よい脈動感がラインを通して感じられる。

辺りには誰もいないし、今日はゆっくりと楽しめるはず。

そんな思惑も作用して、細い釣り糸を通して感じられる魚との闘いを随分と長い間味わっていた。

すると、不自然な声が彼女の耳に入ってきた。

「……ア……エ……ノ……」

それは、何処からともなく聞こえてきた、女児の声であった。

随分と遠くから聞こえてきたらしく、くぐもっていてその内容までは聞き取ることができなかった。

小首を傾げながら辺りを見回すが、見渡す限り人っ子一人いない。

名状し難い嫌悪感を、どうした訳か彼女は感じた。

何だろ、何故か分からないけれど、気持ちが悪い。

でも。恐らく何でもないのだろう。そう、きっと気のせい。

無理矢理そう結論付けると、彼女は魚との格闘を愉しみ始めた。

その日は、昼過ぎまでたっぷりと釣りを堪能した。

型の良い数匹以外は全て逃がしていたので、彼女はお土産分にキープした虹鱒を備え付

け の流し場で捌き始めた。

持参していた折りたたみナイフで獲物の腹を割いた瞬間、またしても女児の声が聞こえてきた。

前回とは違って、かなりはっきりとした声である。

「……何で、何でそんな残酷なことするの？」

しかも、今度は明らかに、近い。ほぼ耳元で声がする。

訝しげに思い、キッとそちらを睨み付けた途端、思わず呼吸が止まってしまった。

自分のすぐ側に、五〜六歳程度の女児が佇んでいたのだ。

園児のような黄色い帽子で隠してはいたが、顔面には酷い火傷の痕跡が垣間見えた。

その眼は真っ黒に落ち窪んでおり、やたら血色の良い頬と唇との対比のせいか、その黒がひたすら強調されているようであった。

佳美さんは失った酸素を取り戻そうとして、やや過呼吸気味になってしまった。

「何でそんな残酷なことするの？」

不自然に紅い唇を奇妙に捻じ曲げながら、強烈な腐肉臭とともに、女児は言葉を発した。

と同時に、目の前にいる女児の右腕が緩慢に蠢いたかと思うと、佳美さんの右耳に冷たい棒状の何かがすっぽりと入ってきた。

どうしてかは不明であったが、佳美さんは確信していた。

この得体の知れない女児が、自分の耳に人差し指を突っ込んできたのだと。

〈わっ、この子、指を入れてきた！〉

しかし、それを確かめる術はなかった。

何故なら、彼女はその場で意識を失ったからである。


真っ青な顔をした管理人のお爺さんに介抱されながら、佳美さんは意識を取り戻した。

今まで味わったことがないような激しい頭痛に襲われながら、彼女は先程の出来事を一生懸命説明した。

信じられないといった顔で、管理人は彼女と一緒に防犯カメラの内容を確認し始めた。

しかしそこには、例の女児の姿はなかった。

映像内では佳美さんが一人きりで釣りをしており、流し場でも一人で魚を捌いて、そして倒れた姿がはっきりと映されていたのである。


それ以来、佳美さんはこの釣場へは足を運べずに今日まで至っている。

釣行夜話　其の六　真鯒《まごち》釣り編

東海林《しょうじ》さんはとある休みの日、早朝から近所の防波堤に釣りに来ていた。

足下の簡易クーラーには海水が貯められており、そこにはたくさんの小鯵が所狭しと泳いでいる。

頃合いを見計らって、彼は今まで使っていた竿と仕掛けを片付けた。

そして、先程とは打って変わったごつそうな釣り竿を取り出した。

生きた小鯵を餌にして海中で泳がせ、獰猛《どうもう》な真鯒や鮃《ひらめ》を狙うことにしたのである。

東海林さんは仕掛けの準備をすると、やや大きめの釣鉤に視線を預けながら、クーラーボックスの中に右手を入れた。

小鯵を鷲掴みにすべく弄っていると、何やら妙な感触がある。

まるで人間の生温い手が突然握り返してきたような、はっきり言って不快な感覚であった。

「ひっ！」

情けない悲鳴を上げて、右手を引っこ抜こうとするが、なかなか抜けない。

何故なら、クーラーボックスの中にある何かが、東海林さんの手をしっかりと握りしめて、全く離してくれないのだ。

見たい。

何がどうなっているのか、この目で確かめたい。

そのような好奇心に負けそうになったものの、とてもじゃないがおっかなくてできそうもない。

そうこうしているうちに、初めは生温かった感触が、だんだん刺すような痛みへと変わっていった。

東海林さんはそれ以上我慢できなくなってしまい、思い切って視線をクーラーボックスの内部へと向けた。

「ひゃっ！」

思わず素っ頓狂な声を上げてしまった。

何故ならそこには、真っ黒な人間の掌のようなものが確認できたからである。

だが、それが彼の視界に収まっていたのはほんの一瞬だけで、あっという間に消えてなくなってしまった。

その瞬間、錐で穴でも開けられたかのような痛みが右掌を襲い、しばらくの間、痛みにのたうちまわるしかなかった。

最早、釣りどころではない。

その後、彼の右手はまるで凍傷にでも罹《かか》ったように皮膚がぱんぱんに腫れて、所々に水疱《すいほう》ができていた。

しばらくは痛みと痒みに悩まされたという。

なお、クーラーボックスの中で元気よく泳いでいた小鰺は、中の氷が残っているにも拘わらず、何故か内臓が蕩《とろ》けるほどに腐敗していた。

釣行夜話　其の七　鱸《すずき》釣り編

日中のうだるような暑さは、夕闇が訪れても消える気配はなかった。

菊本さんはとある防波堤で、鱸を狙ってルアー釣りをしていた。

絶好のポイント目掛けて幾度となくルアーを投げていると、ロッドが満月のようにしなった。

「よしっ！」

細心の注意を払ってロッドを操作しながら、リールを巻き続ける。

獲物が十分に近寄ってきた頃合いを見計らって、背中のタモ網に右手を伸ばしかけた、そのとき。

いきなり目の前が真っ暗になり、一瞬で呼吸ができなくなってしまった。

訳が分からずしばらくの間藻掻いていると、漸く自分が海に落水したことを理解した。

〈落ち着け、落ち着け、落ち着け〉

ライフジャケットを着用していなかったせいもあってか、半ばパニック状態になり掛けたが、とにかく落ち着くように心掛けたのである。

ゆっくりと、水面まで浮かぶだけではないか。

そう思い、身体中の力を抜こうとしたところ、今度は突然両手両足を何者かに掴まれた。

慌てて左右に視線を巡らせると、ぼやけた視界があるものを捉えた。

それは、何処からどう見ても人間にしか見えなかった。

だが、人間にしては余りにも小さすぎる。

ボウリングのピン位の大きさしかなく、ざっと見ただけで少なくとも十体以上はいた。

いつの間にか現れたそれらが、自分の両手両足をしっかりと捕らえて離してくれない。

その姿は全員丸坊主で一糸纏わず、両足を鰭《ひれ》のようにたなびかせて、まるで魚のように泳いでいる。

そして彼の身体を狙って噛みつこうとしているらしく、耳元まで裂けている大きな顎を不気味に開閉しているのだ。

鈍く光った茶色い乱杭歯を見るなり、菊本さんは意識が遠のきそうになった。

そのとき。

「おいっ！　つかまれっ！」

突然物凄い音がして、浮き輪のようなものが海中に投げ入れられた。

彼は力を振り絞って必死に藻掻いて、それをしっかりと掴んだ。

「ほっれ、こっちだ」

そして、防波堤の側面に刻み込まれた足場のようなものがあるところまで上手く誘導されたのである。

奴らはいつの間にかいなくなっており、菊本さんは無事陸に上がることができた。

「あ、ありがとうございます！」

ロッドとリール、掛かった鱸は失ったが、何よりも大事なものだけは失わずに済んだ。

何度も何度も頭を下げていると、麦藁帽子を目深に被った日焼けした老人は呵々《かか》と笑った。

「良かったなァ。奴ら、容赦しないからな。オメエ、気を付けたほうがいいぞ」

そう言う老人の目だけは、決して笑っていなかった。

「奴らァ、しつこいからな」

釣行夜話　其の八　山女魚《やまめ》釣り編

もうじき、鬱陶しい梅雨の季節がやってくる。

しかしながら何げなく空を見上げれば、それまでのほんのひとときの間を縫ったかのように、爽やかな蒼天が広がっている。

幸田さんは額の汗を頻繁に拭いながら、持参した小型の鉈を駆使して、目的地に向けて懸命に藪漕ぎをしていた。

道中、腰程までもある流れが緩やかな淵を通りながら、釣場へと向かっていく。

時折胸辺りまであるウェダーと呼ばれる胴長靴に少々浸水しながらも、漸く辿り着いた。

手頃なサイズの岩に腰掛けながら、ひとまず煙草に火を点けた。

いつもとは違って、紫煙を深々と肺に入れては、これまたゆっくりと吐き出している。

吸い口の辺りまで燃えきったことを確認すると、早速竿を手に持って川の中程まで入っていき、釣りを始めた。

逸る気落ちを押さえながら、極力音を立てずに、釣餌の川虫をポイントへと投入していく。

だが、魚の気配は感じられるが、反応はない。

幸田さんは一旦釣りを休止すると、改めて川の流れに視線を向けた。

確かに、水の透明度が高すぎる。

この状態ではこちらから魚の姿を見つけることができるが、魚からもこちらの姿がはっきりと分かるはずである。

さて、どうしようか。

思案していると、川の水がいつの間にか小濁りの状態になってきた。

これなら、魚の警戒心も薄れてくるはず。

幸田さんはここぞとばかりに、釣餌を水中の岩と岩の間に投入した。

そのとき。

何とも言えない感触が、釣り竿と釣り糸を通して、彼の右手に伝わった。

素早く竿先を上げて合わせをくれると、想像以上の力で引っ張られた。

「でかい！」

恐らく全長三十センチを超える尺《しゃく》山女魚だと思われる。

余りの嬉しさに思わず独りごちながら、まだ見ぬ獲物と格闘を始める。

丁寧に魚をいなしながら姿を探したが、水が濁って何も見えない。

何げなく視線を動かすと、どうやら川の水全体に泥の濁りが入ってきているようであった。

この状況は明らかに、高所で局地的に雨が降っていることを示している。このままいけば鉄砲水が発生する予兆であった。

本来ならばこの段階で釣りを中断し、急いで避難すべきところである。

〈多分、大丈夫だろう。魚を揚げてから逃げれば間に合うさ〉

幸田さんはそんなことを考えながら魚の引きを堪能していた。

すると。突然川下の辺りから声が聞こえてきた。

「こっちこっち！」

思わぬことで気が動転したのか、転びそうになりながらすぐさま視線を向ける。

四、五歳位であろうか、突然現れたおかっぱ頭の女児が、こちらに向けて盛んに手招きをしている。

薄紅色の大きなリボンがよく似合った、真っ白な洋服と白いサンダルで着飾った可愛らしい子であった。

しかもその左手には、見覚えのある薄茶色のナップザックが見える。

幸田さんは慌てて、川岸へと目を向けた。

先程まで確かにそこに置いてあったはずのナップザックがなくなっていた。

あれには運転免許証入りの財布が入っている。

幸田さんは一瞬で頭に血が上ってしまった。

持っていた釣り竿を川岸に置いて石で固定すると、女児に向かって駆けていった。

女児は何故か哀しげな表情をしながらも、その場から動く気配は一切ない。

「こらっ！　返せっ！　こらっ！」

ナップザックに手が届かんばかりのところまで来たとき、背後からどーんといった爆裂音が鳴った。

そしてその轟音とともに、荒れ狂った濁流が一気に押し寄せてきたのである。

その勢いは凄まじいの一言で、彼の愛竿をあっという間に巻き込むと、そのまま飲み込んでしまった。

先程まで自分が釣りをしていた川が、驚く程の変貌を遂げている。

幸田さんは、ただ口をぽかんと開けながら、見守ることしかできなかった。

漸く気が付いたときには、いつの間にか女児は何処かへと消え失せており、ナップザックだけが大きな岩の上に置かれていた。

女児が佇んでいた辺りには、すっかりと朽ち果てたリボンらしきものが落ちていたが、彼女が何処へ消えたのかは全く分からない。

「でも、あんな子供が……独りで来られる訳ないんだよね。しかもあんな服装で」

付近では大分昔に打ち捨てられたサンダルが片方だけ見つかったが、余りにも古くそして変色していて、それが彼女の履いていたものかどうかまでは分からない。

釣行夜話　其の九　タナゴ釣り編

水島さんは長年勤めていた市役所を定年退職してから、悠々自適な老後を送っている。

一人娘はとっくの昔に嫁いでおり、長年連れ添った妻との二人暮らし。

勿論年金生活者につき贅沢はできないが、そこそこの生活をしながら趣味の釣りに没頭していた。

若い頃はやたらと大きさばかりに拘《こだわ》った釣りばかりを好んでいたが、今ではそんな釣りには全く興味がない。

それどころか、小さい魚を釣ることに喜びを見出すようになった。

小さい釣魚と言えば、「淡水の宝石」とも呼ばれるタナゴが挙げられる。

全長一メートルもない短竿に、極細の釣り糸、そして極小の釣鈎。

雑食性の魚で、餌は赤虫やサシと呼ばれる動物性、もしくは小麦粉等の植物性のものを極少量ばかり使用する。

この頼りないタックルで、より小さい魚を狙うのである。

一般的に、タナゴは田圃の脇にあるような、緩やかな流れの小川などに生息している。

水島さんが住んでいるアパートの近くにも、周りを田圃に囲まれた格好の場所があった。

しかし最近は近くに大きな道路ができたおかげで大分賑やかになってしまい、集中して釣りを愉しむ環境ではなくなってしまった。

彼はやむなく、新しい釣場を求めて自転車で日々彷徨《さまよ》っていた。

そしてあるとき、信じられないような穴場の沼を見つけた。

自宅から自転車で四十分程度と決して近くはなかったが、喧噪とはかけ離れた雰囲気が辺りに漂っている。

試し釣りをした限りでは、ここに勝る釣場は滅多に見られないんじゃないかと思わせる程であった。

水島さんは自分にぴったりな新しい釣場の発見に心躍らせたのである。


それから数日経ったある日のこと。

いつものように釣り糸を垂れていると、沼の北側に廃墟と見紛うばかりのバラック小屋があることに気が付いた。

背の高い雑草に囲まれて今まで気が付かなかったが、たまたま草の間から垣間見えた、色褪せたトタンが目に入ってきたおかげであった。

水島さんは一旦釣りを中断して、その場で立ち上がった。

今まで気が付かなかったことが不思議な位、沼のすぐ側に建物が建っていたのである。

しかもその窓からは、長い髪の少女がこちらをじっと見つめているではないか。

日本人離れした大きな瞳をした、色白の美しい少女であった。

初めのうちはその視線を気にも留めずに釣りに没頭していたが、次第に気になって仕方がなくなってきた。

そして頃合いを見計らって、相も変わらず釣り糸を垂れながら、大きな声で少女に声を掛けた。

「おはよう、お嬢ちゃん！　釣りが気になるのかい？」

しかし、少女は何も答えない。

ただ哀しそうな表情をして水島さんを見つめているのみで、返答はない。

恥ずかしがる年頃なのかもしれない。そう考えて、水島さんは視線を浮子に戻すことにした。

　その日は朝から濡れるか濡れないかといった具合の小雨が降り続き、すこぶる鬱陶しい天気であった。

水島さんは相も変わらず、早朝から例の沼で釣りをしていた。

すると、またしても北側からの視線を感じて、彼は顔を上げた。

バラック小屋の小さな窓から、前回同様に少女が見つめている。

彼は胸ポケットに忍ばせておいた飴玉を確認すると、釣りを中断してバラックの方向に歩いていった。

「お嬢ちゃん！　飴玉でもどうだい？」

そう言いながら、扉の前まで来ると、簡素な呼び鈴を鳴らした。

奇妙な音を立てながらチャイムが鳴り、今にも壊れそうな扉が手も触れていないのに唐突に開け放たれた。

「あ、どうも。おじゃまします」

そう言って会釈をしながら扉を抜けると、余りの驚きで心臓が止まりそうになってしまった。

そこは、廃墟、の一言であった。

屋外から侵入した蔓植物が猛威を揮《ふる》っており、地面からは何本もの竹がそそり立っている。

床には歩ける部分はほぼなくなっており、たとえあったとしても踏み抜くことは間違いないであろう。

しかし、何より驚愕したのは、玄関からまっすぐの場所にある、新品同様の立派な仏壇であった。

高さ二メートル程もある黒光りしたその姿は、素人目に見ても黒檀で拵えられた極上の逸品だと分かる代物であった。

その中央部には位牌らしきものが四柱、置かれている。

頭の中の処理がこの光景に付いていくことができずに、彼はしばらくの間呆けたようになっていた。

そして、仏壇の上部に飾られた遺影らしきものが四つ、視界に入ってきた。

その一番左端には、先日来この建物の小窓から見かけたばかりの少女が、にっこりと笑っていたのだ。

窓ガラス越しに見る彼女はいつも哀しそうな表情をしていたが、ここでは満面の笑みを浮かべている。

しかし、これは一体どうしたことであろうか。

この荒れ果てたバラックに人が住んでいるとは到底思えない。

だが、あの少女がこの中にいたのは確かである。

水島さんは釣場から見える窓ガラスのある箇所に行ってみようと考えたが、どう見ても不可能であった。

天井は所々崩壊しており、小窓がある辺りは朽ち果てた箪笥《たんす》らしきものが倒れていて、行く手を阻んでいたからである。

彼の脳内が、厭な予感で充満した。

いけない。

ここにいては、絶対にいけない。

咄嗟に危険信号を感じて、水島さんは即座に外へ飛び出した。

何げなく目に入ってきた呼び鈴。先程確かに押したはずの呼び鈴は大分前に蔓植物に囚われているようで、既に押せる状態ではなくなっていた。

「ねえ……」

耳元で囁く少女の声に不意を突かれて、咄嗟に振り向いた。

その瞬間、思わず全身が弛緩《しかん》するほどの驚きが走った。

目と鼻の先に少女の顔があったのみならず、自分の鼻と少女の鼻がぶつかったのである。

その箇所の余りの冷たさと、にちゃっとした不気味な感触から、水島さんは一瞬で我に返った。

そしてすぐさま、逃げるように自転車に飛び乗ると、その場から立ち去ったのである。

水島さんは今でも、例の沼に通っている。

勿論恐怖心は消えないが、他に釣場がないのであるから致し方なかった。

視線をできるだけ沼へと固定し、それ以外の箇所は見ないようにして釣りを続けている。

しかしそれでも、例のバラックは時折視界に入ってくる。

いつものようにおどろおどろしい色に変色したトタンで彩られており、それが目に入る度に身体の芯から冷えてしまうような感覚に囚われてしまう。

そして、できるだけ見ないようにしているせいなのかもしれないが、割れた窓ガラスのあった箇所には、あの少女の姿はもうない。

何処となくほっとしながらも、心の奥底にある何とも言えない物悲しさを抱きながら、彼はこれからもタナゴを釣り続ける。

釣行夜話　其の十　白鱚《しろぎす》釣り編

才谷さんは早朝三時過ぎに釣場へと辿り着いた。

仕事から帰ってすぐに高速道路を二時間以上運転したこともあってかなり疲れていたが、今から釣りができるのかと考えただけで力が漲《みなぎ》っていく。

月明かりに照らされたその砂浜は、他の釣り人の姿もなく、波の音だけが心地よいリズムを刻んでいる。

早速仕掛けの準備をしつつ、大海原を見晴らした。

火照った顔を爽やかに冷やしてくれる微風は追い風で、投げ釣りには最適であった。

ここいら一帯は一年を通して波が小さいので、勿論サーファーの姿は何処にも見当たらない。

仕掛けには空気抵抗の少ない細長い百グラム超の錘《おもり》が付いているので、この仕掛けを百メートル程度遠投して白鱚を狙うのである。

彼はヘッドライトの明かりを頼りに、仕掛けの準備を始めた。

まずは小さな釣鉤に小振りのアオイソメを付けて、大きめのリールを装着した三メートル程もある竿を、ポイントを見据えながら大きく振りかぶった。

「……すみません」

いきなり後ろから話し掛けられて、思わずギョッとした。

急いで振り返ると、海パン姿の少年がいつの間にか背後に立っている。

小学校高学年位であろうか。

やけに色白で、背はそれほど大きくなく、水泳用の黄色い帽子を被っている。

〈危ないな。人がいるなんて、全然気が付かなかったよ〉

ほっと胸を撫で下ろしながら、安堵の溜め息を吐いたところで、また話し掛けられた。

「……すみません。当たったら痛いので、止めてもらえますか」

優しい口調とは異なってその眼光はやけに鋭く、口臭は異様に磯臭い。

よく見ると、肩からは長い海藻がぶら下がっており、小綺麗なビーチサンダルを左足だけ履いている。

才谷さんは、急激な寒気を感じた。

理由は定かではないが、ここにいてはいけないような気がする。

「ごめん、ごめん。危ないから他行くね」

そう良いながら、手際良く釣道具を片付けると、車へと戻っていった。

それから約一時間後。

才谷さんはハンドルを握りながら、家路へと急いでいた。

全身の寒気が一向に止まず、いつしか感じ始めていた動悸もますます酷くなっていく有様であった。

あの後、数百メートル北上したポイントで仕掛けを遠投しようとしたところ、先程の少年がまた現れたのだ。

「……すみません。当たったら痛いので、止めてもらえますか」

相変わらず肩から海藻をぶら下げたまま、磯臭い口臭を漂わせている。

全身の毛穴が一気に閉じて、心臓の鼓動だけがやけに大きく感じられる。

余りの恐怖からか才谷さんは何も口に出すことができずに、めぼしい道具だけを掻っ攫うように手に取ると、そのまま車まで全速力で駆けていった。

無我夢中で運転していたせいか、ふと気が付いたときには自宅の駐車場でハンドルだけを強く握りしめながら震えていたのである。


翌日のこと。

車に置きっぱなしにしていた釣道具を片付けようと車のドアを開けたとき、思わず短い悲鳴が口から飛び出してしまった。

後部座席に真新しいビーチサンダルの左側と、既に腐って異臭を放っている長い海藻が置かれていたのである。

釣行夜話　其の十一　帰路編

大村さんは愛車のハンドルを握りながら、高速道路を走っていた。

夕闇が物凄い勢いで迫る中、釣り友達を助手席に乗せて、家路へと急いでいた。

この時間ともなると、普段は頻繁に渋滞が発生するこの区間も、まるで貸し切りのようにひっそりと静まり返っている。

最初の頃は積極的に話し掛けてきた助手席の友人は、いつの間にか深い寝息を立てている。

大村さんは、続けざまに襲いかかってくる睡魔と、一人で必死に戦っていた。

ラジオの音量を上げて、初めて聴く洋楽を適当に歌ってもみたが、眠気は一向になくならない。

彼は助手席に羨望の眼差しをほんの一時くれた後、とっくに冷め切った缶コーヒーを右手で持ち上げて口元に運ぼうとした、そのとき。

フロントガラス越しに見える視界が、いきなりぬるりと歪んだ。

その瞬間、愛車は凄まじい金切り声を上げながら、まるで独楽《こま》のように何回転かすると、ガードレールにぶつかった。

一瞬、何が起きたのか分からなかった。

確かに、自分が急ブレーキを踏んだせいでこうなったのは理解できる。

ところが、何故こうなったのか。

どうして自分は急ブレーキを踏んだのか、さっぱり分からなかったのである。

慌てて助手席に視線を向けると、友人は粉々に割れたフロントガラス越しに、ある一点を凝視している。

彼は見たこともないほど大きく目を見開いて、信じられないような表情をしていた。

頭の中がぐちゃぐちゃになってしまい、考えがまるで纏まらない。

視界に入ってくる車のボンネットは大破しており、自分達が生きているのが不思議な位であった。

そして、否が応でも視界に入ってくる、アレは一体何なのであろうか。

車のルーフからひょろ長い顔面を逆さにして、車内を覗き込んでいる薄気味悪いモノは。

焦げ茶色の肌に、両耳が異様に大きい。中年男性のようにも思える。

しかし、円《つぶ》らな瞳は拍子抜けするほど貧弱で、しっかりと閉じられた薄い唇は一本の線のようにしか見えなかった。

頭髪は既に残されていないが、立派な鉤鼻ばかりが印象的である。

そして唇をぐにゃりと捻じ曲げ、少しだけ身震いした後に、そのまま跡形もなく消えてしまった。


車は大破してしまったが、車内の二人はかすり傷一つない状態であった。

慌てて警察を呼んだり色々大変だったが、とにかく無事で良かったと、大村さんはほっと胸を撫で下ろした。

だが、友人は心ここにあらずといった状態であった。

彼は道路に五体投地していた。

両手、両膝、額を地べたに投げ伏して、礼拝をしているようにしか見えなかった。

「おい！　おい！　どうしたんだよ！」

友人の身体を揺り動かしながら強く話し掛けると、彼は訝しげな表情をこちらに向けた。

「……お礼しているんだよ。絶対に死んでたよ、ここで事故らなかったら」

そのような意味不明なことを言いながら、またしても礼拝し始めた。

誰に対してお礼をしているのか訊ねたが、友人からは何の答えも返ってこない。

ただし、ぶつぶつと何事かを独りごちていることだけはよく分かった。

状況を考えれば、明らかに先程の茶色いモノが災いを起こしたとしか考えられない。

しかし、友人の行動は一八〇度異なっており、むしろアレに感謝の念を抱いているように見えてしまう。

ひょっとしたら、友人のこの行為とあのひょろ長い顔とは何かしら関係があるのかもしれない。

いや、何か知っていなければここまで頭を下げることはしないのではないだろうか、と大村さんは思った。


しかし、翌日のこと。

昨晩のことを友人に訊ねると、彼は心底意味が分からないといった表情を見せながら、こう言った。

「オレ？　オレがそんなことする訳ないじゃん」

勿論、昨晩事故を起こしたことも、茶色い顔のモノを目撃したこともしっかりと覚えていた。

だが、自分が道路に身を投げ伏して礼をしたことは、彼の記憶に少しも残っていなかったのだ。

あとがき

さて皆様、迂拙『「超」怖い話 鬼窟』はいかがでしたでしょうか。

最近は例のパンデミックに関連した暗いニュースばかりで、日々陰鬱な気分になってしまいます。長年の習慣で身体に染み込んでいた生活習慣も大幅に変わってしまい、何げない一時ですら何かとストレスを感じてしまう今日この頃。

そのような状況ですから、勿論怪談蒐集もなかなか思うように行かない日々が続いております。

しかしながら、今回は取材の困難さにも拘わらず、想像以上の怪異譚を御紹介することができましたことを嬉しく思います。

中には話を聞いただけで心が痛く、なかなか筆が進まなかったこともありましたが、まあそれはさておき。

本作に収録された作品の取材中に起きた話をひとつ、ここに紹介いたします。

これはパンデミック前の話になりますが、取材も兼ねて数年ぶりに帰省したときのこと。

無事取材も終了したので観光でもしようということになり、家人と二人で実家の近くにある「犬の宮・猫の宮」にお参りに出掛けました。

そこは日本でも珍しい犬と猫が祀られた神社で、かつて家族で可愛がっていた猫達も眠っている場所になります。

季節は初秋で少々肌寒かったのですが、爽やかな空気がとても心地良い朝でした。

早速猫の宮社殿に赴き、二人で拝んでいたところ、どこからともなく弱々しい動物の鳴き声が聞こえてきました。

すぐに辺りを見回してみましたが、動物の姿は見当たりません。

社殿を一周しても見つからなかったのでそのまま帰ろうとしたところ、家人の一言が私を引き留めました。

「ほらっ、また聞こえる！　多分、足下から」

私は全く気が付きませんでしたが、彼女の言葉に従って、社殿の床下を覗き込みました。

そこには大量の段ボール箱が置かれており、それを見つけた瞬間、厭な予感が頭を過ぎりました。

一番手前の段ボール箱を引き寄せて、恐る恐る中を覗き込んだところ、そこには黒と白の二匹の仔猫が上向きに置かれていたのです。

恐らく前日夜に生まれて、そのまま猫の宮まで連れてこられて捨てられたのでしょう。

臍《へそ》の緒も付いた状態で、当然目も開いていません。

残念なことに、若干身体の大きい白猫は既に事切れており冷たくなっていましたが、小さな黒猫の方は再度弱々しく鳴き声を上げてくれたのです。

その瞬間、この黒猫を何とかして救ってやりたい、といった気持ちで心が埋め尽くされました。

当時既に六匹の猫達と暮らしていたので、これ以上増やす気はありませんでした。が、そんな考えも一瞬で吹き飛んでいました。

すぐに仔猫を暖めながら、近所にあるホームセンターへ直行しましたが、開店時間までまだ数十分ありました。

やきもきしながら待っている時間の、長いこと長いこと。そうして入手した仔猫用ミルクを無事飲んでくれたあの嬉しい瞬間は、今でも脳裏に焼き付いています。

しかし、ここからが本当に大変でした。何せ仔猫は三時間置きにミルクを与えなければなりませんから。

まあ、そうして手塩に掛けて必死で育てた黒の雌猫は「あんず」と名付けられて、今ではウチで一番の大猫になりました。

ですが、この子、非常に怒りっぽく、抱っこなぞした暁《あかつき》には猫パンチと噛みつき攻撃を繰り出してくるのです。

性格も酷く臆病で、身体を撫でられることすら非常に嫌がるようになってしまい、実に難しい猫に育ってしまいました。

ですが、この子は生まれて間もなく兄弟らしき猫と一緒に箱に入れられて、必要のない命として捨てられてしまったのです。

寒くて息苦しく真っ暗な空間の中、確かに感じていたはずの白猫の鼓動が次第にか細くなっていき、そして消えていく。

そのような体験をしたわけですから、彼女の性格に何らかの影を落としてしまったのも致し方ありません。

それでも時折甘えて頭を擦りつけてきたりして、たまらなく可愛い猫なんですけどね。

何やら猫自慢のようになってしまったので、そろそろ終わりにしたいと思います。

それでは、またお目に掛かるときまで。皆様に愉しんでいただけるよう、手薬煉《てぐすね》引いて待っております。

二〇二一年九月吉日　渡部正和

本書の実話怪談記事は、「超」怖い話 鬼窟のために新たに取材されたものなどを中心に構成されています。快く取材に応じていただいた方々、体験談を提供していただいた方々に感謝の意を述べるとともに、本書の作成に関わられた関係者各位の無事をお祈り申し上げます。

「超」怖い話公式ホームページ
http://www.chokowa.com/
最新情報、過去の「超」怖い話に関するデータベースなどをご用意しています。

「超」怖い体験談募集
http://www.chokowa.com/post/
あなたの体験した「超」怖い話をお知らせ下さい。

「超」怖い話 鬼窟

2021年10月6日　初版第一刷発行

著者……渡部正和
監修……加藤 一
カバーデザイン……橋元浩明（sowhat.Inc）

発行人……後藤明信
発行所……株式会社　竹書房
〒102-0075　東京都千代田区三番町8-1　三番町東急ビル6F
email: info@takeshobo.co.jp
http://www.takeshobo.co.jp
印刷・製本……中央精版印刷株式会社